Leadership: Klarheit statt Chaos.

Aaron Brück

Leadership:
Klarheit statt Chaos.

Das Führungshandbuch für Unternehmer,
StartUps und Führungskräfte –

Schritt für Schritt vom Recruiting bis zur Kündigung.

Inhalt

Vorwort von Boris Grundl

Führung bedeutet, Menschen stark zu machen. Führung bedeutet, Mut zu machen und Führung bedeutet, Verantwortung zu übernehmen – für sich und für andere. Es ist eine Einladung zur Weiterentwicklung und vielleicht die wichtigste Aufgabe der Zukunft.

Ich bin seit vielen Jahren davon überzeugt, dass die Essenz von Führung darin liegt, Menschen zu befähigen. Zu was befähigen? Klug Verantwortung zu übernehmen und das durch Ergebnisse sichtbar zu machen. Also geht es nicht um Kontrolle oder Status, sondern darum, Potenziale freizulegen, Perspektiven zu erweitern und echte Stärke zu fördern. Denn nur wer sich selbst führen kann, kann auch andere inspirieren.

Das Buch, das du nun in den Händen hältst, ist ein mutiges Plädoyer für diese Art von Führung. Aaron Brück zeigt, dass Führung keine komplizierte Wissenschaft sein muss. Sie darf klar und praxisnah sein - vor allem aber menschlich. Mit großer Leidenschaft und tiefem Verständnis für die Herausforderungen des unternehmerischen Alltags führt er durch die zentralen Themen moderner Führung: vom Aufbau eines Teams über die Förderung von Leistung bis hin zu schwierigen Entscheidungen wie einer Trennung.

Seine persönliche Geschichte unterstreicht, dass gute Führung im echten Leben einen Unterschied macht. Als erfolgreicher Unternehmer hat er nicht nur ein wachsendes Unternehmen aufgebaut, sondern eine Kultur geschaffen, in der Menschen sich entwickeln können. Eine Kultur, die stark macht – nicht durch Druck, sondern durch Vertrauen.

Dieses Buch bietet konkrete Werkzeuge, die direkt umsetzbar sind.

Werde einfach der beste Mensch, der du sein kannst. Und hilf denjenigen die wollen dabei, das ebenso zu werden. Mehr geht nicht.
Ich lade dich ein, dieses Buch nicht nur zu lesen, sondern die Erkenntnisse

umzusetzen. Lass dich inspirieren, Führung neu zu denken – als einen Weg, Menschen stark zu machen, Mut zu geben und Entwicklung möglich zu machen

Einleitung

Dieses Buch ist eine praktische Hilfestellung für Unternehmerinnen und Unternehmer, Existenzgründer, Selbständige und Start-ups – unabhängig davon, ob du gerade dein erstes Team aufbaust, dich mitten im Wachstum befindest oder bereits ein etabliertes Unternehmen führst. Es richtet sich an alle, die ihre Führungsqualitäten weiterentwickeln, ihr Team stärken und ihren Arbeitsalltag strukturierter gestalten möchten.

Ich spreche bewusst unterschiedliche Phasen und Unternehmensgrößen an, weil jede Situation ihre eigenen Herausforderungen mit sich bringt:

- Für Gründer und Selbständige: Die ersten Mitarbeiter einzustellen und sich als Führungskraft zu etablieren, ist ein großer Schritt. Dieses Buch bietet dir Orientierung und Unterstützung, um diese Herausforderung zu meistern.
- Für wachsende Unternehmen und Start-ups: Wenn dein Team wächst, brauchst du Strukturen und Strategien, um Chaos zu vermeiden und nachhaltigen Erfolg zu sichern.
- Für etablierte Unternehmerinnen und Unternehmer: Auch in einem eingespielten Team gibt es immer Potenzial für Weiterentwicklung, effektiveres Management und stärkere Führungsqualitäten.

Diese Perspektive basiert nicht nur auf Theorie, sondern auf meiner eigenen Reise als Unternehmer. Als ich die Seals Group GmbH mitten im tiefsten Corona-Lockdown gründete, wusste ich, wie entscheidend es ist, Führung neu zu denken – und wie wichtig es ist, klare Strukturen und eine inspirierende Unternehmenskultur zu schaffen. Heute, mit über 50 Mitarbeiterinnen und Mitarbeitern und einem Jahresumsatz von 10 Millionen Euro, weiß ich, dass gute Führung nicht kompliziert sein muss – aber sie erfordert Klarheit, Authentizität und die Bereitschaft, sich weiterzuentwickeln.

Das Besondere an diesem Buch ist sein modularer Aufbau. Du kannst es wie einen Werkzeugkasten nutzen und gezielt die Kapitel ansteuern, die dir in deiner aktuellen Situation am meisten weiterhelfen. Egal, ob du dich mit der Suche nach Mitarbeitern, dem Onboarding, dem Aufbau einer starken Unternehmenskultur oder schwierigen Entscheidungen wie Kündigungen beschäftigst – jedes Kapitel liefert dir konkrete Tipps und Anwendungswissen, das du sofort umsetzen kannst.

Wichtig: Dieses Buch ist, kann und darf keine rechtliche Beratung sein. Es ersetzt weder die Konsultation eines Anwalts noch die Beratung durch Arbeitsrechtsexperten oder Steuerberater. Wenn du rechtliche Fragen oder Unsicherheiten hast – sei es bei arbeitsrechtlichen Themen, Vertragsgestaltungen oder anderen juristischen Fragestellungen – wende dich bitte an qualifizierte Fachleute. In diesem Buch verwende ich durchgehend die männliche Form, um die Lesbarkeit zu erleichtern – gemeint sind aber selbstverständlich alle. Die Anrede variiert zwischen „du" und „Sie", so wie es auch im echten Leben nicht immer einheitlich ist.

Mein Ziel ist es, dir Orientierung und Inspiration zu geben, nicht jedoch rechtlich verbindliche Handlungsempfehlungen. Die beschriebenen Ansätze und Tipps sind praxiserprobt, aber jede Situation ist einzigartig. Deshalb lade ich dich ein, die Inhalte an deine individuellen Bedürfnisse und Gegebenheiten anzupassen.

Mit diesem Buch möchte ich dich dazu ermutigen, Leadership neu zu denken und in deinem Unternehmen oder deinem Team Klarheit statt Chaos zu schaffen. Nutze die Kapitel, um neue Ideen zu entwickeln, deinen Stil zu reflektieren und die Führungskompetenzen zu stärken, die zu dir und deinem Umfeld passen.

Kapitel 1.
Mitarbeiter finden

Matchmaker: Dein Leitfaden für erfolgreiche Personalsuche

Es beginnt mit dir – Führe dich selbst, bevor du andere führen kannst

Führung beginnt immer bei der eigenen Person. Wer andere erfolgreich führen will, muss zunächst lernen, sich selbst zu führen. Es geht darum, klare Werte und Ziele zu definieren, die eigene Arbeitsweise zu reflektieren und sich bewusst zu machen, wie man auf andere wirkt. Denn Führung ist kein Titel, sondern eine Haltung.

Das Konzept »It starts with you« verdeutlicht, dass du als Führungskraft immer das erste Beispiel bist. Deine Mitarbeiter orientieren sich an dir – ob bewusst oder unbewusst. Wenn du selbst Orientierung suchst, chaotisch agierst oder deinen Ansprüchen nicht gerecht wirst, wie kannst du dann erwarten, dass dein Team erfolgreich ist?

Du als Chef bist der erste Mitarbeiter

Ein zentraler Gedanke moderner Führung ist, dass der Chef nicht nur der »Kopf« eines Teams ist, sondern auch sein erster Mitarbeiter. Das bedeutet: Du bist derjenige, der die Arbeitskultur aktiv gestaltet, Standards setzt und vorlebt, was von anderen erwartet wird. In dieser Rolle bist du mehr als ein Vorgesetzter – du bist ein Mitgestalter und Mitstreiter.

Das heißt aber nicht, dass du alles selbst machen musst. Es bedeutet vielmehr, dass du Verantwortung nicht nur delegierst, sondern auch mitträgst. Du bist bereit, die Extrameile zu gehen, um dein Team zu unterstützen und gemeinsam die gesteckten Ziele zu erreichen.

Führung beginnt bei dir – mit deiner Klarheit, deinem Einsatz und deinem

Willen, als Vorbild voranzugehen. Denn nur wer sich selbst führt, kann andere inspirieren und auf ihrem Weg begleiten.

Würdest du gerne mit Dir arbeiten?

Diese Frage klingt vielleicht zunächst unangenehm, doch sie ist eine der ehrlichsten, die du dir als Unternehmer oder Führungskraft stellen kannst. Sie zwingt dich, deinen eigenen Führungsstil durch die Augen deiner Mitarbeiter zu betrachten. Wie wirkt dein Verhalten auf dein Team? Würdest du selbst gerne Teil deines Unternehmens sein, mit dir als Chef?

Oft sind es nicht die großen Entscheidungen oder Strategien, die diese Frage beantworten, sondern die alltäglichen Momente. Bietest du deinem Team die Klarheit, die es braucht, um erfolgreich zu arbeiten? Begegnest du deinen Mitarbeitern mit Respekt und Wertschätzung? Lobst du ihre Leistungen und förderst ihre Entwicklung? Oder hinterlässt du manchmal Chaos, Unsicherheit oder das Gefühl, dass ihre Arbeit nicht zählt?

Ehrlichkeit ist hier der Schlüssel. Wenn du bei dieser Frage ins Grübeln gerätst, ist das kein Grund zur Sorge, sondern eine Einladung zur Selbstreflexion. Denn gute Führung beginnt immer bei dir selbst. Es erfordert Mut, die eigene Wirkung zu hinterfragen, und noch mehr Mut, an den Punkten zu arbeiten, die dir nicht gefallen. Doch genau das ist der Weg, um ein Chef zu werden, unter dem nicht nur andere gerne arbeiten, sondern auch du selbst.

Der richtige Zeitpunkt für den ersten Mitarbeiter

Der erste Mitarbeiter ist ein Meilenstein in deinem Unternehmen –für dein Wachstum entscheidend. Doch wann ist der ideale Zeitpunkt gekommen, und welche Aufgaben sollte dein erster Mitarbeiter übernehmen?

Fokus auf Entlastung

Dein erster Mitarbeiter sollte dich von allen Tätigkeiten entlasten, die dich davon abhalten, selbst umsatzproduzierend tätig zu sein. Ein persönlicher Assistent ist in dieser Phase oft die beste Wahl. Er kann dir administrative Aufgaben, Terminorganisation, E-Mails und andere operative Tätigkeiten abnehmen, damit du dich voll auf deine Kernaufgabe konzentrieren kannst: den Aufbau deines Geschäfts.

Ein häufiger Fehler ist es, frühzeitig den Vertrieb auszulagern. Wenn du selbst den Vertrieb nicht beherrschst und diese Verantwortung abgibst, läufst du Gefahr, den Prozess nicht ausreichend kontrollieren zu können – und möglicherweise von anderen enttäuscht oder sogar ausgenutzt zu werden. Stattdessen gilt: Delegiere nur Aufgaben, die du selbst bereits gemeistert hast, grade im Vertrieb. So kannst du den Prozess überwachen, die Leistung deines Mitarbeiters beurteilen und ihn gezielt unterstützen.

Erfahrung sammeln und wachsen

Es ist wichtig, frühzeitig einen Mitarbeiter einzustellen. Je früher du diese Erfahrung machst, desto schneller lernst du, wie du als Führungskraft agieren musst. Außerdem ermöglicht dir ein Mitarbeiter, deine Kapazitäten zu erweitern und dein Unternehmen schneller wachsen zu lassen.

Finanzielle Grundlage: die 3-Monats-Regel

Eine solide finanzielle Basis ist essenziell. Bevor du einen Mitarbeiter einstellst, solltest du sicherstellen, dass du mindestens drei Monatsgehälter inklusive Lohnnebenkosten zuverlässig finanzieren kannst. Diese Faustregel gibt dir die notwendige Sicherheit, um in dein Team zu investieren, ohne das finanzielle Gleichgewicht deines Unternehmens zu gefährden.

Zusammenfassend: Dein erster Mitarbeiter ist eine strategische Entscheidung. Wähle eine Rolle, die dir den Rücken freihält, gib nur ab, was du selbst beherrschst, und lege eine finanzielle Basis, die dir Handlungsspielraum verschafft. So legst du die Grundlage für nachhaltiges Wachstum und deinen Erfolg als Führungskraft.

Warum überhaupt Mitarbeiter?

Viele Gründer stehen anfangs vor der Frage: Brauche ich wirklich Mitarbeiter? Oft sind es nicht rationale Gründe, die sie von diesem Schritt abhalten, sondern limitierende Glaubenssätze und frühere, negative Erfahrungen.

Die Macht limitierender Glaubenssätze

»Niemand macht es so gut wie ich.«

»Ein Mitarbeiter kostet nur Geld und bringt keinen echten Mehrwert.«

»Ich habe es schon versucht, und es hat nicht funktioniert.«

Gerade der letzte Punkt ist häufig ein großer Stolperstein. Manche haben tatsächlich bereits versucht, Mitarbeiter einzustellen, und sind gescheitert. Doch das Scheitern lag nicht an den Mitarbeitern, sondern meist an fehlenden Führungskompetenzen. Führung ist eine Fähigkeit, die gelernt werden muss – sie kommt nicht automatisch mit dem Titel »Chef«.

Limitierende Glaubenssätze wie »Niemand macht es so gut wie ich« verhindern, dass du Aufgaben abgibst, und blockieren so dein Wachstum. Dabei ist klar: Niemand muss alles genauso machen wie du – sie müssen es so machen, dass das Ergebnis stimmt.

Vom Selbständigen zum Unternehmer

Selbständige, die keine Mitarbeiter einstellen, bleiben in ihrem eigenen Hamsterrad gefangen. Ohne ein Team bist du in deinem Unternehmen gefangen und kannst nicht wachsen. Mitarbeiter sind der Schlüssel dazu, den Sprung vom Selbständigen zum Unternehmer zu schaffen.

Richtig eingesetzt, können Mitarbeiter viel schneller ertragreich sein, als Du glaubst. Sie entlasten dich von operativen Aufgaben, steigern die Effizienz und tragen so aktiv zum Unternehmenswachstum bei. Langfristig ermöglichen sie es dir überhaupt erst, die Freiheit zu erreichen, die viele mit dem Unternehmertum verbinden – nämlich mehr Zeit für strategisches Arbeiten, persönliche Weiterentwicklung und irgendwann auch für ein Privatleben, das nicht mehr von deinem Geschäft abhängt.

Wo finde ich kluge Köpfe und fleißige Hände?

Die richtige Plattform für die Mitarbeitersuche zu wählen, ist ein entscheidender Faktor für den Erfolg deines Recruitings. Nicht jede Option ist gleich geeignet – und der Unterschied zeigt sich oft in der Qualität der Bewerber.

Stellenanzeigen und Jobportale

Bewährte Plattformen wie Indeed oder StepStone sind ideale Anlaufstellen, um qualifizierte Kandidaten zu erreichen. Diese Portale bieten nicht nur eine große Reichweite, sondern ziehen auch Bewerber an, die gezielt nach professionellen Stellenangeboten suchen.

Finger weg von Kleinanzeigen

Während es verlockend sein kann, kostenlose oder günstige Plattformen wie Kleinanzeigen zu nutzen, wirkt dies oft unseriös. Das Format solcher Seiten passt einfach nicht zu einem professionellen Auftritt – und das merken auch die Bewerber. Die Folge: Du ziehst möglicherweise weniger qualifizierte oder unpassende Kandidaten an.

Qualität statt Sparen

Ein gutes Recruiting kostet Geld, bringt aber auch bessere Ergebnisse. Meine Erfahrung zeigt, dass ich mit Indeed bei einem Budget von etwa 500 bis 700 Euro im Monat konstant gute Ergebnisse erziele. StepStone arbeitet hingegen mit Festpreisen, die je nach Anzeige und Laufzeit variieren. Beide Plattformen haben sich als lohnende Investition erwiesen, um passende Mitarbeiter zu finden und mein Team gezielt zu erweitern.
Zusammengefasst: Wer auf Qualität setzt, bekommt Qualität – und das gilt besonders bei der Suche nach Mitarbeitern. Wähle deine Kanäle mit Bedacht, denn sie spiegeln auch deine Professionalität als Arbeitgeber wider.

Der direkte Weg: Talente abwerben

Manchmal reicht es nicht, eine Stellenausschreibung zu veröffentlichen, um den perfekten Mitarbeiter zu finden. Wenn du jemanden ganz Bestimmten im Auge hast, gibt es einen einfachen und oft überraschend effektiven Trick: Werbe diese Person direkt ab.
Menschen fühlen sich geschmeichelt und wertgeschätzt, wenn sie aktiv angesprochen werden – besonders dann, wenn sie spüren, dass ihre Fähigkeiten gezielt gesucht werden. Du wirst erstaunt sein, wie viele Menschen bereits über einen Jobwechsel nachdenken, ohne dass es jemand in ihrem Umfeld weiß. Diese stille Bereitschaft bietet dir eine große Chance.

Mein Erfahrungswert

Ein gutes Beispiel dafür ist mein Referent der Geschäftsführung. Ich hatte ihn gezielt im Blick und wusste, dass er genau der Richtige für diese Position wäre. Es hat ein Jahr gedauert, bis ich ihn überzeugen konnte, den Schritt zu wagen und in mein Unternehmen zu wechseln – aber es hat sich in jeder Hinsicht gelohnt. Sein Know-how und sein Einsatz haben nicht nur unser Team gestärkt, sondern auch das Wachstum des Unternehmens nachhaltig unterstützt.

Offene Augen und Ohren

Schau dich also bewusst in deinem Umfeld um: Gibt es jemanden aus deinem Bekanntenkreis, deinem Netzwerk oder sogar aus dem Kreis deiner Dienstleister, der in Frage kommen könnte? Sei mutig und sprich die Person an. Oft ist der direkte Weg effektiver, als du denkst.

Wen suchen wir überhaupt?

Bevor du mit der Suche nach einem Mitarbeiter beginnst, ist es wichtig, ein klares Profil zu definieren. Doch wie genau sollte dieses Profil sein? Die Antwort hängt von deiner Situation und deinen Anforderungen ab.

Verschiedene Berufsbezeichnungen testen

Manchmal liegt der Schlüssel zu einer erfolgreichen Suche in den Details. Verwende in deiner Stellenanzeige verschiedene Berufsbezeichnungen, um die Reichweite zu erhöhen. So sprichst du Kandidaten an, die möglicherweise unter anderen Begriffen nach Stellen suchen, aber perfekt zu deinem Unternehmen passen könnten.

Remote vs. vor Ort

Überlege dir, ob die Position zwingend vor Ort ausgeübt werden muss, oder ob auch ein Remote-Modell infrage kommt. Remote-Arbeit erweitert deinen Kandidatenpool erheblich und kann dir Zugang zu Talenten verschaffen, die nicht in deiner Region ansässig sind.

Genau vs. ungenau

Ein präzises Stellenprofil zieht Bewerber an, die genau deinen Anforderungen entsprechen. Doch manchmal kann es sinnvoll sein, bewusst ungenauer zu formulieren, um Kandidaten zu gewinnen, die vielleicht nicht auf den ersten Blick perfekt passen, aber Potenzial mitbringen.

Branchenkenner vs. Quereinsteiger

Spezifische Branchenerfahrung ist oft ein Vorteil – aber nicht immer notwendig. Quereinsteiger bringen oft frische Perspektiven und neue Ideen mit. Überlege dir, ob Fachwissen wirklich entscheidend ist, oder ob Motivation und Lernbereitschaft wichtiger sind.

Junior vs. Senior

Die Frage, ob du eine erfahrene Führungskraft (Senior) oder jemanden am Beginn seiner Karriere (Junior) suchst, hängt von deinen Zielen und deinem Budget ab. Juniors können kostengünstiger sein und mit frischem Enthusiasmus überzeugen, während Seniors Erfahrung und strategisches Denken einbringen.

Ein wertvoller Tipp: Teilzeit-Mütter

Halbtags arbeitende Mütter sind oft eine unterschätzte Zielgruppe. Sie bringen häufig eine hohe Effizienz, Organisationstalent und Verlässlichkeit mit – Fähigkeiten, die in jedem Unternehmen wertvoll sind.

Menschen aus Dienstleistungsberufen

Eine weitere interessante Kandidatengruppe sind Menschen aus der Gastronomie, Hotellerie oder dem Einzelhandel. Sie sind oft belastbar, kundenorientiert und können gut mit Stress umgehen. Diese Soft Skills lassen sich auf viele andere Branchen übertragen und machen sie zu hervorragenden Teammitgliedern.

Von Personaldienstleistern lernen – ohne Kosten und Verpflichtungen

Gerade beim ersten Mitarbeiter kann die Unsicherheit groß sein: Wie schreibe ich eine Stellenanzeige? Welche Bewerber passen zu meinen Anforderungen? Wie führe ich Bewerbungsgespräche? Hier kommt ein genialer Hack ins Spiel: Nutze die Expertise eines Personaldienstleisters, um den gesamten Prozess kennenzulernen – ohne die vorgeschlagenen Mitarbeiter zu übernehmen.

Warum Personaldienstleister zu teuer sind – aber trotzdem Gold wert

Für Gründer und kleine Unternehmen sind die Vermittlungsgebühren von Personaldienstleistern oft schlichtweg nicht tragbar. Die Übernahme eines vorgeschlagenen Mitarbeiters kann schnell Tausende Euro kosten – Geld, das am Anfang oft besser in Wachstum und Strukturen investiert ist.

Doch genau hier liegt der Clou: Du kannst die Zusammenarbeit mit einem Personaldienstleister nutzen, um dir kostenlos wertvolle Einblicke zu verschaffen. Sie übernehmen das Schreiben der Stellenanzeige, die Vorauswahl von Bewerbern und die Organisation der Bewerbungsgespräche. Währenddessen kannst du den gesamten Prozess beobachten und lernen, wie professionelles Recruiting funktioniert.

Dein Vorteil: Risikofrei lernen wie ein Profi

Dieser Ansatz ist der perfekte Einstieg, um deine eigenen Recruiting-Skills aufzubauen. Du kannst testen, wie der Markt auf deine Anforderungen reagiert, und aus erster Hand erleben, wie Bewerbungsprozesse gestaltet werden sollten – ohne Budget zu verbrennen oder potenzielle Bewerber durch Fehler zu vergraulen.

Das Beste daran: Solange du keinen vorgeschlagenen Mitarbeiter übernimmst, bleibt alles kostenlos und unverbindlich. Das macht diesen Hack ideal für die Anfangsphase deines Unternehmens, wenn du noch am Anfang deiner Recruiting-Reise stehst.

Fairness im Umgang mit Dienstleistern

Auch wenn du keinen Mitarbeiter übernimmst, solltest du den Aufwand des Dienstleisters respektieren. Sie investieren viel Arbeit in die Suche und erwarten, dass du sie fair behandelst. Nutze diesen Hack bewusst, aber übertreibe es nicht. Eine respektvolle Zusammenarbeit kann dir später Türen öffnen, wenn du in der Lage bist, ihre Leistungen voll zu nutzen.

Mitarbeiterüberlassung: Die Vor- und Nachteile

Eine weitere Möglichkeit, die du prüfen kannst, ist die Mitarbeiterüberlassung. Diese Option bietet dir eine flexible und risikoarme Möglichkeit, erste Erfahrungen mit Personalführung zu sammeln.

Die Vorteile der Mitarbeiterüberlassung

1. **Projektbezogene Arbeit ohne Risiko:**
   Mitarbeiterüberlassung erlaubt es dir, flexibel auf projektbezogene Arbeit zu reagieren. Du kannst Stundenlöhne kalkulieren, die einen Deckungsbeitrag liefern, ohne langfristige Verpflichtungen einzugehen.
3. **Kostenersparnis bei Stellenportalen:**
   Statt teure Stellenportale zu nutzen, übernimmt der Dienstleister die gesamte Suche. Das spart dir Zeit und Geld, während du parallel dein eigenes Recruiting weiterentwickelst.
5. **Flexibilität beim Aufbau:**
   Überlassene Mitarbeiter helfen dir, kurzfristige Engpässe zu überbrücken, während du dich auf den langfristigen Ausbau deines Teams vorbereitest.

Die Nachteile der Mitarbeiterüberlassung

1. **Hohe Kosten bei Übernahme:**
   Eine Übernahme eines überlassenen Mitarbeiters kann extrem teuer werden, da hohe Vermittlungsgebühren anfallen. Für viele Gründer ist das schlichtweg nicht machbar.
3. **Stimmung im Team:**
   Überlassene Mitarbeiter und festangestellte Kollegen können Spannungen erzeugen, wenn sich eine

Zwei-Klassen-Gesellschaft bildet. Transparente Kommunikation ist entscheidend, um Missverständnisse zu vermeiden.

5. **Schlechte Bezahlung der überlassenen Mitarbeiter:**
Überlassene Mitarbeiter werden oft schlechter bezahlt als Festangestellte, was zu Motivationsproblemen führen kann. Diese Probleme können sich negativ auf die gesamte Teamdynamik auswirken.

Die Kosten von Personal und der Mitarbeitersuche

Bevor du deinen ersten Mitarbeiter einstellst, solltest du dir einen klaren Überblick über die anfallenden Kosten verschaffen. Viele Gründer unterschätzen, wie viel Budget neben dem Gehalt für zusätzliche Ausgaben notwendig ist – und wie lange es dauern kann, bis ein Mitarbeiter tatsächlich produktiv wird.

Direkte Personalkosten: Lohn und Gehalt

Das Grundgehalt ist der offensichtlichste Kostenpunkt, aber bei weitem nicht der einzige. Rechne damit, dass dein Mitarbeiter ein marktübliches Gehalt erhält, das abhängig von Branche, Qualifikation und Arbeitszeit (Vollzeit oder Teilzeit) variiert.

Ein wichtiger Hinweis: Geize nicht beim Gehalt, auch wenn es schwerfällt. Ein gutes Gehalt zeigt deinem Mitarbeiter, dass du seine Arbeit wertschätzt und ernst nimmst. Oder anders gesagt: »If you pay peanuts, you get monkeys.« Mit einem zu niedrigen Gehalt wirst du es schwer haben, gute und motivierte Mitarbeiter zu gewinnen, und riskierst gleichzeitig hohe Fluktuation.

Lohnnebenkosten

Zusätzlich zum Bruttogehalt des Mitarbeiters fallen in Deutschland erhebliche Lohnnebenkosten an. Diese umfassen Arbeitgeberanteile zur Kranken-, Renten-, Pflege- und Arbeitslosenversicherung sowie Umlagen für Mutterschaft oder Krankheitsausfall. Faustregel: Plane etwa 20–25 % des Bruttogehalts für Lohnnebenkosten ein.

Einarbeitungszeit: Zeit ist Geld

Ein neuer Mitarbeiter ist selten sofort voll produktiv. Die Einarbeitung dauert oft mehrere Wochen – und während dieser Zeit investierst du nicht nur Gehalt, sondern auch deine eigene Zeit.

- **Produktivität:** Rechne damit, dass dein Mitarbeiter in den ersten Wochen nur einen Bruchteil seiner Kapazität ausschöpft, während er Abläufe, Tools und Aufgaben lernt.
- **Dein Aufwand:** Deine Zeit für Einarbeitung, Schulung und Feedback ist ebenfalls eine versteckte Kostenquelle. Jeder Tag, den du für die Unterstützung deines Mitarbeiters nutzt, fehlt dir für umsatzproduzierende Tätigkeiten.

Lohnabrechnung: Überlasse es einem Steuerberater

Die Abwicklung von Gehältern, Sozialversicherungen und Steuerabgaben ist komplex und zeitaufwändig. Es gibt ständig Änderungen in den gesetzlichen Regelungen, die du im Blick behalten müsstest. Der Versuch, die Lohnabrechnung selbst zu machen, lohnt sich nicht und birgt ein hohes Risiko für Fehler.

Kosten für die Mitarbeitersuche

Die Suche nach geeigneten Mitarbeitern kann ebenfalls ins Geld gehen. Hier einige typische Kostenpunkte:

- **Stellenportale:** Wie bereits erwähnt, können Plattformen wie StepStone oder Indeed zwischen 500 und 1.000 Euro pro Monat kosten.
- **Agenturen oder Personaldienstleister:** Wenn du einen Dienstleister beauftragst, musst du mit Vermittlungsgebühren rechnen. Diese betragen oft 15–30 % des Jahresgehalts des Mitarbeiters.
- **Zeitaufwand:** Wenn du die Suche selbst übernimmst, unterschätze nicht die Zeit, die du für das Schreiben von Anzeigen, die Kommunikation mit Bewerbern und die Durchführung von Gesprächen benötigst. Zeit ist ebenfalls eine wertvolle Ressource.

Beispielrechnung

Angenommen, du stellst einen Mitarbeiter mit einem Bruttogehalt von 3.000 Euro pro Monat ein:

- **Bruttogehalt:** 3.000 Euro
- **Lohnnebenkosten (ca. 25 %):** 750 Euro
- **Lohnbüro/Steuerberater:** 30 Euro
- **Gesamtkosten pro Monat:** 3.780 Euro

Dazu kommen einmalige Kosten für die Suche, beispielsweise 700 Euro für eine Anzeige bei Indeed.

Was willst du zahlen – und was solltest du zahlen?

Das Gehalt ist einer der zentralen Punkte bei der Einstellung eines Mitarbeiters. Es beeinflusst nicht nur, welche Bewerber du anziehst, sondern auch, wie zufrieden und motiviert dein zukünftiger Mitarbeiter sein wird. Die Frage ist: Was kannst du zahlen, und was solltest du zahlen?

Solltest du das Gehalt in der Stellenanzeige angeben?

Ob du ein Gehalt direkt in der Stellenanzeige nennst, hängt von deiner Strategie ab. Eine klare Angabe kann dir Zeit sparen, da sich nur Bewerber melden, die mit der Vergütung zufrieden sind. Andererseits kann es abschreckend wirken, wenn dein Budget unter den Erwartungen der Bewerber liegt.

Ein Kompromiss kann ein Gehaltsband sein, wie es in vielen großen Konzernen üblich ist. Zum Beispiel: »Gehaltsspanne: 3.000–3.500 Euro brutto, abhängig von Erfahrung und Qualifikation.« Damit gibst du eine Orientierung, ohne dich zu stark festzulegen.

Was darf ein Mitarbeiter kosten?

Um herauszufinden, was du zahlen solltest, kannst du verschiedene Quellen nutzen, um dich am Markt zu orientieren:

- **Gehaltsatlas der Bundesagentur für Arbeit:** Hier findest du Daten zu Durchschnittsgehältern basierend auf Region, Branche und Berufsfeld.
- **Plattformen wie StepStone oder Glassdoor:** Diese bieten Einblicke in gängige Gehälter für verschiedene Positionen.
- **Netzwerk und Branchenkontakte:** Sprich mit anderen Unternehmern oder Führungskräften, um ein Gefühl dafür zu bekommen, was in deinem Markt üblich ist.

Wie du dein Gehaltsniveau festlegst

Das Gehalt sollte drei Kriterien erfüllen:

- **Es muss in dein Budget passen.** Behalte immer im Blick, was du langfristig zahlen kannst, ohne dein Unternehmen zu gefährden.
- **Es sollte marktkonform sein.** Zu niedriges Gehalt schreckt Bewerber ab, während ein überdurchschnittliches Gehalt dir helfen kann, die besten Talente anzuziehen.
- **Es sollte fair sein.** Ein Mitarbeiter, der sich fair bezahlt fühlt, ist motivierter und bleibt dir länger erhalten.

Ein Orientierungstool: Anforderungen, Erfahrung und Verantwortung

Viele Unternehmen nutzen eine Kombination aus den Anforderungen an den Job, der Erfahrung des Mitarbeiters und möglicher Personalverantwortung, um Gehaltsstrukturen festzulegen. Die folgende Tabelle bietet eine Orientierung:

Anforderungen für verschiedene Karrierestufen

Level 1: Einfache Tätigkeiten, anlernbar

- **Quereinsteiger:** Können direkt mit einfachsten Tätigkeiten starten, ohne spezifische Vorkenntnisse.
- **Berufseinsteiger/Erfahrene:** Übernehmen Basisaufgaben und verfügen über erste Fachkenntnisse.
- **Senioren:** Leiten kleine Teams bei der Durchführung von Basisaufgaben.
- **Personalverantwortung:** Optional und abhängig von der Struktur und Aufgabe.

Level 2: Fachspezifische Kenntnisse

- **Quereinsteiger:** Arbeiten an einfachen Fachaufgaben unter Anleitung.
- **Berufseinsteiger/Erfahrene:** Übernehmen fachspezifische Tätigkeiten und bringen solide Erfahrung mit.
- **Senioren:** Tragen eigenverantwortlich die Leitung von Projekten.
- **Personalverantwortung:** Ab Level 2 häufig sinnvoll, aber nicht zwingend erforderlich.

Level 3: Expertenwissen und komplexe Aufgaben

- **Quereinsteiger:** Sind hier begrenzt einsetzbar, da das notwendige Expertenwissen fehlt.
- **Berufseinsteiger/Erfahrene:** Arbeiten an komplexen Aufgaben unter Anleitung erfahrener Experten.
- **Senioren:** Übernehmen strategische Führungsaufgaben und bringen umfassende Expertise mit.
- **Personalverantwortung:** Häufig notwendig, insbesondere bei höheren Anforderungen.

Kapitel 2.
Mitarbeiter auswählen.

Bullseye: So triffst du die beste Wahl.

Warum es so wichtig ist, den richtigen Mitarbeiter auszuwählen

Die Wahl des richtigen Mitarbeiters ist eine der strategischsten Entscheidungen, die du als Unternehmer treffen kannst. Ein Mitarbeiter kann dein Unternehmen auf das nächste Level bringen – oder dich enorm viel Zeit, Geld und Nerven kosten. Deshalb solltest Du diesen Prozess mit größter Sorgfalt angehen.

Der beste Fall: Dein Unternehmen wächst und gedeiht

Ein gut ausgewählter Mitarbeiter kann eine echte Bereicherung sein:

- **Leistung:** Ein motivierter, kompetenter Mitarbeiter bringt frische Ideen und eine hohe Arbeitsqualität mit.
- **Entlastung:** Du kannst dich auf die Kernaufgaben deines Unternehmens konzentrieren, während dein Mitarbeiter operativ und strategisch unterstützt.
- **Teamdynamik:** Der richtige Mitarbeiter stärkt das gesamte Team, indem er positiv auf die Unternehmenskultur einwirkt und die Motivation anderer steigert.
- **Langfristiger Erfolg:** Mit einem starken Teammitglied schaffst du die Grundlage für Wachstum und die Skalierung deines Unternehmens.

Der schlimmste Fall: Ein falscher Mitarbeiter kostet dich mehr, als du denkst

Die falsche Wahl kann jedoch gravierende Folgen haben:

- **Zeitverlust:** Ein unpassender Mitarbeiter erfordert mehr Einarbeitung und Betreuung, ohne dass die gewünschten Ergebnisse erzielt werden.

- **Kosten:** Neben dem Gehalt entstehen zusätzliche Kosten durch Fehler, ineffizientes Arbeiten oder sogar negative Auswirkungen auf Kundenbeziehungen.
- **Schlechter Einfluss aufs Team:** Ein unmotivierter oder unzuverlässiger Mitarbeiter kann die Stimmung im Team verschlechtern und die Leistung anderer Kollegen negativ beeinflussen.
- **Fluktuation:** Wenn du die Situation nicht rechtzeitig erkennst und löst, verlierst du möglicherweise nicht nur den falschen Mitarbeiter, sondern auch wertvolle Teammitglieder, die sich gestört fühlen.

Im schlimmsten Fall verlierst du durch einen unpassenden Mitarbeiter nicht nur Geld, sondern auch das Vertrauen deines Teams und deiner Kunden. Denk daran: Die Auswahl des richtigen Mitarbeiters ist kein Zufall, sondern das Ergebnis eines klar strukturierten Prozesses. Nimm dir die Zeit, Bewerber gründlich kennenzulernen und ihre Qualifikationen, Werte und Potenziale zu prüfen.

Tipp: Stell dir bei jedem Bewerber die Frage: »Kann ich mir vorstellen, dass diese Person nicht nur die Stelle ausfüllt, sondern das Unternehmen bereichert?« Wenn du hier nicht mit »Ja« antworten kannst, ist es besser, die Suche fortzusetzen, statt dich vorschnell zu entscheiden.

Wie viele Bewerber sollte ich scouten?

Eine der häufigsten Fragen bei der Mitarbeiterauswahl lautet: Wie viele Bewerber sollte ich überhaupt in den Prozess einbeziehen? Die Antwort: So viele wie möglich – besonders am Anfang.

Viele Gespräche führen, auch mit »schlechten« Bewerbern

Wenn du noch nicht viel Erfahrung im Führen von Bewerbungsgesprächen hast, hilft dir jede Interaktion, sicherer zu werden. Selbst Gespräche mit Bewerbern, die offensichtlich nicht die besten Voraussetzungen mitbringen, sind eine wertvolle Übung. Du lernst, welche Fragen funktionieren, wie du

Bewerber einschätzt und wie du deine eigenen Anforderungen klar formulierst.

Diese Gespräche sind wie Trainingseinheiten: Sie kosten dich zwar Zeit, aber sie machen dich besser. Je mehr Bewerber du kennenlernst, desto schneller erkennst du, worauf es dir wirklich ankommt – und woran du die passenden Kandidaten erkennst.

Warum viele Gespräche wichtig sind

Viele Gespräche zu führen, hat gleich mehrere Vorteile:

- **Vergleichbarkeit:** Wenn du nur wenige Bewerber siehst, hast du kaum Vergleichsmöglichkeiten. Mit einer größeren Auswahl kannst du klarer bewerten, wer wirklich zu deinem Team passt.
- **Netzwerk aufbauen:** Auch wenn ein Bewerber nicht perfekt passt, könnte er in Zukunft interessant sein oder dir andere Talente aus seinem Umfeld empfehlen.
- **Deine Kriterien schärfen:** Durch viele Gespräche erkennst du, ob deine Anforderungen realistisch sind und ob deine Stellenbeschreibung die richtigen Menschen anspricht.
- **Routine entwickeln:** Mit der Zeit wirst du einen Standardprozess entwickeln, der dir Sicherheit gibt. Die Gespräche werden zur Routine, und du kannst dich mehr auf die Feinheiten konzentrieren, statt über grundlegende Fragen nachzudenken.

Das richtige Mindset für den Auswahlprozess

Denke an den Auswahlprozess nicht nur als Mittel, um den besten Kandidaten zu finden, sondern auch als Möglichkeit, deine Fähigkeiten als Führungskraft zu verbessern. Jeder Bewerber, den du triffst, bringt dich einen Schritt näher daran, den idealen Mitarbeiter auszuwählen – und dich selbst weiterzuentwickeln.

Der Bewerbungsprozess: Einfach, schnell und effektiv

Ein gut strukturierter Bewerbungsprozess ist entscheidend, um die besten Talente zu gewinnen und gleichzeitig deine eigenen Ressourcen effizient einzusetzen. Dabei kommt es nicht nur darauf an, Bewerber professionell zu behandeln, sondern auch darauf, den Prozess so einfach und barrierefrei wie möglich zu gestalten.

Barrierefreiheit: Keine Hürden, keine Dokumente

Mach es Bewerbern leicht, sich zu bewerben. Verlange keine umfangreichen Dokumente wie Anschreiben oder Zeugnisse im ersten Schritt. Stattdessen reicht ein einfacher Lebenslauf oder ein kurzer Hinweis auf die berufliche Erfahrung. Ziel ist es, den Einstieg in den Prozess möglichst unkompliziert zu gestalten.

Sofortige Eingangsbestätigung

Eine schnelle Eingangsbestätigung signalisiert Professionalität und gibt Bewerbern das Gefühl, ernst genommen zu werden. Automatisiere diesen Schritt, um sicherzustellen, dass jede Bewerbung unmittelbar beantwortet wird.

Erstkontakt innerhalb von 24 Stunden

Lass keine Zeit verstreichen. Kontaktiere Bewerber spätestens 24 Stunden nach Eingang ihrer Bewerbung – per Mail oder Telefon. Scheue dich nicht vor schnellen Entscheidungen. Der häufige Gedanke »Wir müssen erst prüfen« kostet dich wertvolle Zeit und signalisiert Unentschlossenheit. Bewerber schätzen schnelle, verbindliche Rückmeldungen.

Telefoninterview: Erste Standardfragen klären

Ein kurzes Telefoninterview ist ideal, um grundlegende Fragen zu klären:

- Passt der Bewerber grundsätzlich zur ausgeschriebenen Position?
- Welche Vorstellungen hat der Bewerber zur Rolle und den Aufgaben?
- Wie stellt er sich die Zusammenarbeit vor?

Dieses Gespräch dient als erste Filterstufe und spart dir und dem Bewerber Zeit.

Einladung vor Ort: Persönlicher Eindruck zählt

Nach dem Telefoninterview solltest du Bewerber vor Ort treffen, anstatt virtuelle Gespräche über Plattformen wie Teams zu führen. Der persönliche Kontakt gibt dir ein viel besseres Gefühl für den Kandidaten und hilft, Fehlentscheidungen zu vermeiden.

Tipp: Kein Büro oder Platz im Büro? Organisiere Bewerbertage in einem Co-Working-Space. Das schafft eine professionelle Atmosphäre und ist gleichzeitig flexibel.

Effiziente Terminorganisation

- **Terminbestätigung und Erinnerungen:** Nach der Einladung sollte der Termin klar kommuniziert und eine Erinnerung kurz vor dem Gespräch geschickt werden. Das minimiert Missverständnisse und No-Shows.
- **Flexible Terminvergabe:** Nutze Tools wie Calendly, um Bewerbern freie Slots anzubieten. Das spart dir Zeit und gibt den Bewerbern Flexibilität.
- **Detaillierte Informationen:** Stelle sicher, dass Bewerber alle wichtigen Details erhalten, z. B. die genaue Adresse, Parkmöglichkeiten und eine Gebäudebeschreibung. Je mehr Informationen du bereitstellst, desto sicherer fühlen sich die Bewerber – das verbessert die Teilnahmequote.

Tipps zur Reduzierung von No-Shows

- Vergib Termine möglichst kurzfristig, statt Wochen im Voraus zu planen. Lange Wartezeiten erhöhen die Wahrscheinlichkeit, dass Bewerber absagen oder nicht erscheinen.
- Bestätige den Termin direkt nach der Zusage und erinnere den Bewerber kurz vor dem Gespräch.
- Kommuniziere klar und wertschätzend, um den Bewerbern das Gefühl zu geben, dass ihre Zeit geschätzt wird.

Das Bewerbungsgespräch: Praktische Tipps für den perfekten Ablauf

Das Bewerbungsgespräch ist der Moment, um herauszufinden, ob ein Bewerber wirklich zu deinem Unternehmen passt – fachlich, persönlich und kulturell. Gleichzeitig ist es die Chance, deinem Unternehmen einen professionellen und einladenden ersten Eindruck zu verschaffen.

Die richtige Atmosphäre schaffen

Überlege dir, was du als Bewerber bei deinen eigenen Gesprächen gerne anders gehabt hättest. Eine angenehme Atmosphäre ist das A und O, um Bewerber dazu zu bringen, offen und ehrlich zu sein.

- **Sei wertschätzend:** Zeige echtes Interesse an der Person, die dir gegenübersitzt.
- **Keine Machtspiele:** Vermeide es, dich über deinen Status zu definieren. Macht- oder Statusspiele schaffen unnötige Distanz und Unsicherheit. Das Buch *»Status-Spiele: Wie ich in jeder Situation die Oberhand behalte«* von Tom Schmitt und Michael Esser, erschienen im FISCHER Taschenbuch Verlag, bietet dazu hilfreiche Einblicke.
- **Entspannte Umgebung:** Sorge für eine ruhige, gut organisierte Gesprächsumgebung. Nichts ist schlimmer, als wenn das Gespräch ständig durch Anrufe oder andere Unterbrechungen gestört wird.

To-Dos und Not-to-Dos

To-Dos:

- **Gib einen Überblick über die späteren Tätigkeiten:** Bewerber möchten wissen, worauf sie sich einlassen. Erläutere konkret, welche Aufgaben sie erwarten.
- **Nimm eine zweite Person mit ins Gespräch:** Ein Backup hilft dir, falls du nicht weiter weißt oder dich unsicher fühlst. So hast du jemanden, der Fragen ergänzen oder kritische Punkte aufgreifen kann.

- **Erkläre den Hintergrund deines Unternehmens:** Wo kommt ihr her? Wo steht ihr aktuell? Und vor allem: Wo wollt ihr hin? Diese Perspektive ist für Bewerber entscheidend, um zu verstehen, wie sie Teil der Reise werden können.

Not-to-Dos:

- **Vermeide Standardfragen wie »Was sind deine größten Schwächen?«** Sie wirken austauschbar und bringen selten neue Erkenntnisse.
- **Schwammige Aussagen:** Sei bei Gehalt, Aufgaben, Rolle und Funktion so klar wie möglich. Unklarheiten führen zu Missverständnissen und Frustration – oft schon nach kurzer Zeit im Job.

Meine 10 wichtigsten Fragen

Diese Fragen helfen dir, den Bewerber besser kennenzulernen und gleichzeitig wichtige Informationen über seine Motivation, Erwartungen und Persönlichkeit zu gewinnen:

- **Was führt dich zu uns? Was hat dich motiviert, dich bei uns zu bewerben?**

- **Wie hast du den Bewerbungsprozess bisher wahrgenommen?**

- **Erzähl uns ein bisschen von dir: Wo kommst du her, wo möchtest du hin?**

- **Was ist dir bei einem Arbeitgeber wichtig? Worauf legst du besonderen Wert?**

- **Wenn du an deine bisherige Tätigkeit denkst: Von was darf es in Zukunft mehr sein, von was weniger?**

- **Was machst du, wenn du nicht arbeitest?**

- **Welche Rolle spielt Weiterbildung für dich?**

- **Wenn wir über Urlaub und Gehalt sprechen, wo liegen wir da?**

- **Wann kannst du bei uns starten?**

- **Welche Fragen hast du mitgebracht?**

Special: Zusammenfassen und eine Schleife drehen

Am Ende des Gesprächs kannst du die wichtigsten Punkte zusammenfassen, um zu prüfen, ob ihr auf einer Wellenlänge seid:

- **Ich habe mitgenommen, dass es dir wichtig ist, dass ...**
- **Du suchst nach ...**
- **In Zukunft möchtest du bei uns ...**
- **Dafür brauchst du ...**

Diese Schleife zeigt, dass du dem Bewerber aufmerksam zugehört hast und seine Anliegen ernst nimmst. Es hilft außerdem, Missverständnisse zu vermeiden und eine klare Basis für die nächsten Schritte zu schaffen.

Hinweise zur Auswahl: Vorsicht vor der Sympathie- und Helfersyndromfalle

Die Auswahl eines Mitarbeiters ist eine der persönlichsten und gleichzeitig strategischsten Entscheidungen, die du als Führungskraft treffen wirst. Dabei kann es schnell passieren, dass Sympathie oder dein Wunsch, anderen zu helfen, dich beeinflusst. Doch genau hier solltest du besonders wachsam sein.

Die Gefahren der Sympathiefalle

Es ist natürlich, dass du dich zu Menschen hingezogen fühlst, die du sympathisch findest oder die dich beeindrucken. Doch Sympathie allein sollte nie der entscheidende Faktor für die Auswahl eines Mitarbeiters sein. Typische Gedanken wie:

- »Den mag ich, der passt bestimmt ins Team.«
- »Der hat so eine tolle Ausstrahlung, das klappt sicher.«

...können dich blenden und dazu führen, dass du fachliche Defizite oder fehlende Passung zur Stelle übersiehst. Sympathie ist wichtig, aber sie darf nicht allein den Ausschlag geben.

Die Helfersyndromfalle: Du bist nicht der Retter

Viele Führungskräfte tappen in die Falle, aus einer Art »Helfersyndrom« heraus Entscheidungen zu treffen:

- »Den mache ich schon erfolgreich.«
- »Der braucht nur eine Chance, ich helfe ihm.«
- »Das ist ein netter Mensch, der hat es verdient.«

Auch wenn es gut gemeint ist, solltest du immer im Hinterkopf behalten, dass deine Hauptaufgabe darin besteht, die beste Person für die Stelle zu finden – nicht, jemandem einen Gefallen zu tun. Mitarbeiter, die nicht den Anforderungen entsprechen, kosten dich und dein Team langfristig Zeit, Geld und Energie.

Das Bauchgefühl: Dein wichtigster Kompass

Das heißt jedoch nicht, dass du dein Bauchgefühl ignorieren solltest – im Gegenteil. Gerade weil es bei der Mitarbeiterauswahl um Menschen geht, spielt das Bauchgefühl eine entscheidende Rolle. Es hilft dir, wichtige Aspekte zu erfassen, die rational nicht immer sofort greifbar sind:

- Passt der Bewerber zur Unternehmenskultur?
- Fühlst du dich im Gespräch wohl?
- Kannst du dir vorstellen, mit dieser Person langfristig zu arbeiten?

Tipp: Nutze dein Bauchgefühl als zusätzlichen Faktor, aber nicht als einzigen. Kombiniere es mit klaren Kriterien und der Analyse von Fähigkeiten und Potenzialen.

Die Balance finden

Der richtige Mitarbeiter bringt sowohl die fachlichen Voraussetzungen mit als auch die persönliche Passung. Die Balance zwischen Kopf und Bauch ist entscheidend:

- **Der Kopf:** Prüft die Qualifikationen, die Erfahrungen und die Fähigkeit, die Aufgaben der Position zu erfüllen.
- **Der Bauch:** Gibt dir Hinweise darauf, ob die Person ins Team und zu deiner Unternehmenskultur passt.

Dinge und Fragen, die du im Bewerbungsgespräch vermeiden solltest

Ein Bewerbungsgespräch ist nicht nur eine Gelegenheit, den passenden Kandidaten zu finden, sondern auch ein rechtlicher Rahmen, den du unbedingt einhalten solltest. Verstöße gegen arbeitsrechtliche Vorgaben – sei es durch unzulässige Fragen, Unachtsamkeit oder diskriminierende Aussagen – können erhebliche Konsequenzen nach sich ziehen.

1. **Diskriminierende Fragen (AGG – Allgemeines Gleichbehandlungsgesetz)**

Das AGG schützt Bewerber vor Diskriminierung. Vermeide daher Fragen oder Bemerkungen zu:

- **Alter:** »Wie alt sind Sie?«
- **Geschlecht:** »Planen Sie, demnächst eine Familie zu gründen?«
- **Religion:** »Welche Religion haben Sie?«
- **Herkunft:** »Wo kommen Sie ursprünglich her?«
- **Sexuelle Orientierung:** »Sind Sie verheiratet oder haben Sie einen Lebenspartner?«
- **Behinderung:** »Haben Sie gesundheitliche Einschränkungen?«

2. **Unzulässige Fragen zu Familienplanung und Kindern**

Fragen wie »Sind Sie schwanger?« oder »Haben Sie Kinder?« sind unzulässig, da sie den Schutz der Privatsphäre verletzen.

3. **Fragen zu politischen oder persönlichen Ansichten**

- »Wen haben Sie bei der letzten Wahl gewählt?«
- »Was ist Ihre Meinung zu [aktuelles politisches Thema]?«

Diese Fragen sind irrelevant für die Eignung des Bewerbers und rechtlich nicht erlaubt.

4. Gesundheitliche Fragen (außer bei relevanten Tätigkeiten)

Fragen nach dem allgemeinen Gesundheitszustand sind unzulässig, es sei denn, sie betreffen unmittelbar die Ausübung der Tätigkeit. Beispiel:

- **Erlaubt:** »Haben Sie gesundheitliche Einschränkungen, die Ihre Arbeitssicherheit beeinflussen könnten?« (bei körperlich anspruchsvollen Jobs)
- **Nicht erlaubt:** »Wie oft waren Sie in den letzten Jahren krank?«

5. Unklare oder irreführende Aussagen

- Vermeide Versprechen, die du nicht halten kannst, z. B. »Die Stelle wird in drei Monaten unbefristet.«
- Unklare Gehaltsaussagen wie »Wir finden sicher einen Weg« oder »Das kommt später noch zur Sprache« können Misstrauen schaffen.

6. Unzulässige Tests oder Aufgaben

- **Psychologische Tests:** Diese dürfen nur mit ausdrücklicher Zustimmung des Bewerbers durchgeführt werden.
- **Praktische Aufgaben:** Diese dürfen nicht über das hinausgehen, was zur Beurteilung der Eignung notwendig ist. Mehrere Probetage, ohne Bezahlung, können problematisch werden.

7. Verletzung der Privatsphäre

- »Können Sie uns Ihre Social-Media-Profile zeigen?«
- »Sind Sie in einer Gewerkschaft?«

Derartige Fragen gehen über das notwendige Maß hinaus und sind unzulässig.

8. **Nicht erlaubte Gesprächsmethoden**

- **Druckausübung:** »Wenn Sie diese Stelle wirklich wollen, müssen Sie sich bis morgen entscheiden.«
- **Unangemessene Bewertungen:** Abwertende Bemerkungen über frühere Arbeitgeber oder Branchen sind respektlos und schaffen eine unangenehme Atmosphäre.

9. **Diskriminierung durch Terminvergabe**

- **Unzulässig:** Termine, die Bewerber mit familiären Verpflichtungen oder religiösen Pflichten diskriminieren könnten, z. B. sonntags für Personen, die aus religiösen Gründen den Tag meiden.

10. **Datenschutzverletzungen**

- Persönliche Daten des Bewerbers dürfen nur im Rahmen der Bewerbung verwendet werden. Die Weitergabe an Dritte oder die Nutzung für andere Zwecke ist unzulässig, es sei denn, der Bewerber hat ausdrücklich zugestimmt.

Der Probetag: Ein realistischer Einblick für beide Seiten

Der Probetag ist eine hervorragende Möglichkeit, den Bewerber in der Praxis zu erleben und herauszufinden, ob er wirklich ins Team passt – fachlich und menschlich. Gleichzeitig bietet er dem Bewerber die Chance, dein Unternehmen und die Arbeitsabläufe kennenzulernen. Damit der Probetag erfolgreich verläuft, solltest du ihn gut strukturieren und professionell durchführen.

Den Termin klar vereinbaren und erinnern

Ein klar kommunizierter Termin mit rechtzeitiger Erinnerung ist essenziell, um Missverständnisse zu vermeiden. Stelle sicher, dass der Bewerber vorab alle nötigen Informationen erhält, wie:

- Datum, Uhrzeit und Dauer des Probetages
- Ort und Ansprechpartner
- Kleidungsvorschriften, falls relevant

Dauer und Aufgaben klar absprechen

Vor dem Probetag sollte genau festgelegt werden, wie lange dieser dauert und welche Aufgaben der Bewerber übernehmen wird.

- **Vorab-Aufgabe:** Gib dem Bewerber eine kleine Aufgabe, die er vor dem Probetag erledigen und mitbringen soll. Diese kann er am Probetag weiter ausarbeiten. Das hilft dir, seine Herangehensweise und Denkweise besser zu verstehen.
- **Relevante Aufgaben:** Die Aufgaben sollten realistisch und repräsentativ für die zukünftige Tätigkeit sein. Sinnlose Aufgaben wie »Akten sortieren« oder »Kaffee kochen« sind nicht nur unprofessionell, sondern vermitteln dem Bewerber ein schlechtes Bild deines Unternehmens.

Strategie und Aufgabenbereich erläutern

Nutze den Probetag, um dem Bewerber die Unternehmensstrategie und seinen potenziellen Aufgabenbereich zu erklären. So sieht er nicht nur die konkrete Tätigkeit, sondern versteht auch, wie seine Rolle ins große Ganze passt.

Das Team einbeziehen

Informiere das Team rechtzeitig über den Probetag, damit alle Bescheid wissen und sich darauf einstellen können. Das schafft eine offene und einladende Atmosphäre. Außerdem können Kollegen wertvolles Feedback geben, da sie den Bewerber aus einer anderen Perspektive wahrnehmen.

Keine Entscheidung ohne Feedbackgespräch

Der Probetag sollte immer mit einem Feedbackgespräch abgeschlossen werden. Dabei gilt:

- **Offene Fragen klären:** Nutze die Gelegenheit, um vertiefende Fragen zu stellen und bei unklaren Punkten nachzuhaken.

- **Feedback geben:** Gib dem Bewerber ehrliches Feedback zu seiner Leistung und seinem Auftreten.
- **Keine Verzögerung:** Treffe möglichst zeitnah eine Entscheidung. Lasse den Bewerber nicht wochenlang auf eine Rückmeldung warten – das wirkt unprofessionell und schreckt potenzielle Talente ab.

Das Gespräch zur Einstellung: Klare Verhandlung, klare Vereinbarungen

Das Einstellungsgespräch ist der entscheidende Moment, um den Bewerbungsprozess abzuschließen. Hier klärst du die letzten offenen Punkte, legst die Konditionen fest und besprichst die nächsten Schritte. Es ist wichtig, das Gespräch klar zu strukturieren und verbindlich zu führen, um Missverständnisse zu vermeiden.

1. Die Gehaltsverhandlung: Klarheit durch »Pencil Selling«

Die Gehaltsverhandlung ist oft der sensibelste Teil des Gesprächs. Mit der Methode des »Pencil Selling« schaffst du Transparenz und machst das Gehalt für beide Seiten greifbar.

Was ist »Pencil Selling«?

»Pencil Selling« bedeutet, die Gehaltsverhandlung sichtbar zu machen, indem du die Zahlen und Zusammenhänge schriftlich darstellst bzw. skizzierst. Diese Methode hilft, Klarheit zu schaffen und den Bewerber in den Prozess einzubeziehen. Du kannst z. B. auf einem Blatt Papier oder am Bildschirm die einzelnen Gehaltsbestandteile auflisten:

- **Grundgehalt:** »Das monatliche Bruttogehalt beträgt 3.750 Euro.«
- **Zusatzleistungen:** »Dazu kommen [z. B. Weiterbildungen, betriebliche Altersvorsorge, Bonuszahlungen].«
- **Entwicklungsperspektiven:** »In der Position können Sie mit wachsender Erfahrung und Verantwortung ein Gehalt von bis zu X Euro erreichen.«

Indem du die Zahlen transparent aufschlüsselst, wirkst du professionell und baust Vertrauen auf. Gleichzeitig kannst du Missverständnisse vermeiden, die oft entstehen, wenn nur vage Summen im Raum stehen.

Erklärung des Gehaltsbands:
Zeige dem Bewerber, dass sich das Gehalt aus verschiedenen Faktoren zusammensetzt, wie:

- **Erfahrung:** Einsteiger und erfahrene Kräfte haben unterschiedliche Ausgangsgehälter.
- **Aufgabenumfang:** Je anspruchsvoller und vielseitiger die Tätigkeit, desto höher ist die Vergütung.

Erkläre auch, dass das Gehaltsband nicht starr ist, sondern Leistung und Entwicklung berücksichtigt. Dadurch gibst du dem Bewerber Perspektiven für die Zukunft.

Wichtig:

- Bleibe klar und konkret. Aussagen wie »Das schauen wir dann mal« oder »Da reden wir später drüber« wirken unseriös und verunsichern den Bewerber.
- Wenn die Gehaltsvorstellungen nicht zusammenpassen, sprich es ehrlich an, aber wertschätzend: »Ihr Wunschgehalt liegt über unserem aktuellen Rahmen. Können wir über andere Wege wie Zusatzleistungen sprechen?«

2. Besprechung der nächsten Schritte
Nach der Gehaltsverhandlung solltest du den Bewerber über die nächsten Schritte informieren:

Starttermin:

- Kläre, wann der Bewerber seine Tätigkeit aufnehmen kann. Falls es noch Hindernisse wie Kündigungsfristen gibt, besprecht eine Lösung.

Equipment:

- Erläutere, welche Arbeitsmittel bereitgestellt werden (z. B. Laptop, Smartphone, spezielle Software) und wann diese verfügbar sind.

Arbeitsvertrag:

- Übergib den Arbeitsvertrag vorab, damit der Bewerber ihn in Ruhe prüfen kann. Falls der Vertrag noch nicht final ist, lege einen klaren Zeitrahmen für die Zusendung fest.
- Kläre, ob der Bewerber Fragen oder Anpassungswünsche hat.

Personalbogen:

- Besprich, welche Informationen und Dokumente der neue Mitarbeiter für die Personalunterlagen einreichen muss (z. B. Steuer-ID, Sozialversicherungsnummer, Bankverbindung).

3. Verbindlichkeit schaffen

Beende das Gespräch mit einer klaren Zusammenfassung:

- »Wir haben uns auf ein Gehalt von [X] Euro brutto geeinigt.«
- »Ihr erster Arbeitstag ist der [Datum]. Wir stellen Ihnen ein [Laptop, Telefon] zur Verfügung.«
- »Ich schicke Ihnen den Vertrag bis spätestens [Datum] zu.«

Wie sage ich einem unpassenden Bewerber ab?

Absagen gehören zum Bewerbungsprozess dazu und sollten respektvoll, klar und zeitnah erfolgen. Eine gute Absage hinterlässt einen positiven Eindruck und schützt deine Employer Brand.

Keine Absagegründe nennen

Aus arbeitsrechtlicher Sicht ist es riskant, konkrete Gründe für die Absage zu nennen. Falsche oder ungeschickte Formulierungen könnten als Diskriminierung ausgelegt werden. Beispiele, die du vermeiden solltest:

- »Ihre Qualifikationen sind nicht ausreichend.«
- »Ihr Auftreten hat uns nicht überzeugt.«
- »Wir haben Bedenken, dass Sie die Anforderungen erfüllen können.«

Besser:

»Nach sorgfältiger Prüfung haben wir uns entschieden, die Position mit einem anderen Kandidaten zu besetzen.«

Zeitnah reagieren

Sobald feststeht, dass ein Bewerber nicht passt, solltest du ihn schnell informieren. Verzögerungen wirken unprofessionell.

Klare und wertschätzende Formulierung

Eine Absage sollte ehrlich und höflich sein, ohne verletzend zu wirken: »Vielen Dank für Ihre Bewerbung und das Gespräch. Nach eingehender Prüfung haben wir uns entschieden, die Position anderweitig zu besetzen. Wir wünschen Ihnen für die Zukunft alles Gute.«

Persönliche Absagen bei fortgeschrittenen Kandidaten

Je weiter der Bewerber im Prozess war, desto persönlicher sollte die Absage sein – ein kurzer Anruf ist oft angemessen und zeigt Wertschätzung.

Keine falschen Hoffnungen wecken

Vermeide vage Aussagen wie »Vielleicht in der Zukunft«, wenn das nicht realistisch ist. Klare Kommunikation schafft Vertrauen.

Professionell bleiben

Selbst bei schwierigen Bewerbern oder unerfreulichen Gesprächen sollte die Absage neutral und respektvoll bleiben.

Der Arbeitsvertrag: Struktur, Klarheit und ein positives Erlebnis

Der Arbeitsvertrag ist der Abschluss des Bewerbungsprozesses und der erste Schritt in die Zusammenarbeit. Damit dieser Moment professionell und wertschätzend abläuft, gibt es einige wichtige Punkte zu beachten.

Arbeitsverträge rechtlich prüfen lassen

Ein Arbeitsvertrag ist ein rechtlich verbindliches Dokument, das die Grundlage eurer Zusammenarbeit bildet. Deshalb solltest du Arbeitsverträge unbedingt durch einen Rechtsanwalt prüfen oder erstellen lassen. Diese Investition lohnt sich, da sie dir Sicherheit gibt und spätere rechtliche Streitigkeiten verhindert.

Befristet oder unbefristet?

- **Befristet:** Befristete Verträge schaffen oft mehr Unsicherheit als Nutzen. Du bist gesetzlich verpflichtet, dem Mitarbeiter spätestens drei Monate vor Ablauf der Frist mitzuteilen, ob der Vertrag verlängert wird oder nicht. Wenn keine Verlängerung vorgesehen ist, wird der Mitarbeiter in dieser Zeit kaum noch produktiv sein – er wird sich bereits anderweitig orientieren. Zudem entfällt bei Betrieben mit weniger als zehn Mitarbeitern der allgemeine Kündigungsschutz, was bedeutet, dass du auch mit einem unbefristeten Vertrag die notwendige Flexibilität hast.
- **Unbefristet:** Wenn du von der langfristigen Zusammenarbeit überzeugt bist, vermittelt ein unbefristeter Vertrag Vertrauen und Stabilität – ein starkes Signal für den neuen Mitarbeiter.

Hack: Drei Monate Probezeit statt sechs

Ein cleverer Hack, um das Vertrauen des Bewerbers zu gewinnen, ist, die Probezeit auf drei Monate zu begrenzen, obwohl viele Arbeitgeber standardmäßig sechs Monate ansetzen. Warum das ein Vorteil ist:

- **Vertrauen zeigen:** Eine kürzere Probezeit signalisiert dem Bewerber, dass du Vertrauen in seine Fähigkeiten hast und keine unnötige Unsicherheit schaffen möchtest.
- **Flexibilität erhalten:** Innerhalb der ersten sechs Monate gilt das gesetzliche Sonderkündigungsrecht für die sogenannte »Wartezeit« weiterhin. Das bedeutet: Du kannst auch nach der Probezeit von drei Monaten bis zum Ende der sechs Monate mit einer Frist von vier Wochen kündigen – statt der zwei Wochen, die während der Probezeit gelten.
- **Bewerber überzeugen:** Eine kürzere Probezeit kann ein entscheidender Faktor sein, um Top-Kandidaten für dein Unternehmen zu gewinnen, da es ihnen mehr Sicherheit gibt.

Vertrag vorab schicken

Sende den Arbeitsvertrag vor dem Termin, damit der Bewerber ihn in Ruhe prüfen kann. Das verhindert Drucksituationen und gibt ihm die Möglichkeit, Fragen vorzubereiten.

Gemeinsam den Vertrag durchgehen

Nimm dir die Zeit, den Vertrag beim Termin gemeinsam mit dem Mitarbeiter durchzugehen. Dabei gilt:

- **Selbst verstehen:** Stelle sicher, dass du den Vertrag und seine Klauseln vollständig verstehst, damit du souverän auf Nachfragen reagieren kannst.
- **Geduldig erklären:** Gehe den Vertrag Schritt für Schritt durch, ohne vorauszusetzen, dass der Bewerber alle rechtlichen Formulierungen sofort versteht.

Einen positiven Abschluss schaffen

Der Vertragsabschluss ist ein besonderer Moment, der den Beginn eurer Zusammenarbeit markiert. Kleine Gesten können hier viel bewirken:

- **Präsent bereithalten:** Überreiche ein kleines Geschenk wie einen hochwertig verpackten Kugelschreiber, einen Hoodie mit Firmenlogo, eine Tasse oder eine Mappe für den Arbeitsvertrag.
- **Gemeinsam feiern:** Plane einen kurzen, lockeren Moment, um den erfolgreichen Abschluss zu würdigen. Das zeigt Wertschätzung und macht den Start besonders.

Die Zeit zwischen Unterschrift und Start: Den Übergang professionell gestalten

1. Den Arbeitsplatz vorbereiten

Sorge dafür, dass der neue Mitarbeiter an seinem ersten Tag einen vollständigen und einladenden Arbeitsplatz vorfindet.

- **Ausstattung:** Richte den Schreibtisch ein, stelle notwendiges Equipment wie Laptop, Smartphone, Büromaterial und eventuell persönliche Gegenstände bereit.
- **Zugänge:** Bereite alle erforderlichen Zugangsdaten und Passwörter vor, damit der Mitarbeiter direkt loslegen kann.

2. Den Kontakt halten

Bleibe während der Wartezeit bis zum Arbeitsbeginn in Kontakt, um den neuen Mitarbeiter eingebunden zu halten und eventuelle Fragen zu klären.

- Schicke eine Willkommens-E-Mail mit einer Checkliste für den ersten Arbeitstag.
- Lade den Mitarbeiter ggf. zu Meetings, Events oder einem gemeinsamen Mittagessen ein, um die Zeit bis zum Start zu überbrücken.

3. Kunden und Partner informieren

Falls der neue Mitarbeiter in eine kunden- oder partnerbezogene Position eintritt, informiere wichtige Stakeholder rechtzeitig.

- Stelle den neuen Kollegen vor und erläutere kurz, welche Aufgaben er übernehmen wird.
- Schaffe eine positive Erwartungshaltung gegenüber dem Mitarbeiter, bevor er überhaupt startet.

4. Onboarding-Mappe vorbereiten

Eine gut strukturierte Onboarding-Mappe hilft dem neuen Mitarbeiter, sich bereits vor dem ersten Tag zurechtzufinden und einen Überblick über das Unternehmen zu bekommen. Ich habe Dir hier einen QR-Code abgedruckt, mit dem du ein Muster unserer Onboarding-Mappe ansehen kannst. So kannst du dir Inspiration für deine eigene Mappe holen.

Was sollte die Onboarding-Mappe enthalten?

- Unternehmenshandbuch oder Kurzübersicht (Vision, Werte, Organigramm)
- Informationen zu Tools und Software
- Wichtige Kontakte und Ansprechpartner
- Zeitplan für die ersten Tage/Wochen
- Sicherheitsvorkehrungen und Arbeitsanweisungen, falls relevant
- Persönliche Begrüßung durch das Team oder die Geschäftsleitung

Kapitel 3.
Mitarbeiter onboarden

Ready for Take-Off: So bringst du neue Mitarbeiter auf Flughöhe

Der erste Arbeitstag ist entscheidend, um den Grundstein für eine erfolgreiche Zusammenarbeit zu legen. Ein durchdachtes Onboarding zeigt dem neuen Mitarbeiter nicht nur, dass er willkommen ist, sondern auch, dass dein Unternehmen strukturiert und professionell arbeitet. Eine klare Planung sorgt dafür, dass sich der neue Kollege schnell integriert und produktiv wird.

Der erste Arbeitstag: Ein durchdachter Start

Nutze die Onboarding-Mappe als Leitfaden und halte dich an diese fünf Schritte, um den ersten Tag optimal zu gestalten:

1. Begrüßung mit persönlicher Note

Der erste Eindruck zählt. Plane die Begrüßung mit ausreichend Zeitpuffer, damit der neue Mitarbeiter stressfrei ankommen kann.

- **Willkommensplakat:** Platziere ein kleines Willkommensplakat am Arbeitsplatz, auf dem alle Kollegen unterschrieben haben. Das schafft direkt eine persönliche Verbindung.
- **Erste Begrüßung:** Nimm dir Zeit für ein persönliches Willkommen und stelle den neuen Kollegen den anderen Mitarbeitern kurz vor.

2. Zeit zum Ankommen und Onboardingplan durchgehen

Gib dem neuen Mitarbeiter Zeit, sich zu orientieren und die nächsten Schritte zu verstehen.

- **Onboardingplan:** Gehe die Mappe gemeinsam durch und erkläre den Ablauf der kommenden Tage und Wochen.

Fragen klären: Stelle sicher, dass der Mitarbeiter seine ersten Fragen in entspannter Atmosphäre stellen kann.

3. Kultur und Strategie vermitteln

Der erste Arbeitstag ist eine gute Gelegenheit, die Unternehmenskultur und Strategie zu präsentieren. Zeige, wie der neue Mitarbeiter ins große Ganze passt.

- **Kultur und Werte:** Erkläre, wie dein Unternehmen funktioniert und warum bestimmte Prinzipien.
- **Organigramm:** Stelle das interne und externe Netzwerk vor, einschließlich Stakeholdern und der wichtigsten Kunden.
- **Hack:** Informiere wichtige externe Kontakte im Voraus über den neuen Mitarbeiter. So entsteht ein positiver Eindruck, wenn der Kollege hört: »Ah, Sie sind der Neue – wir haben schon davon gehört.«

4. Technikcheck und praktische Einführung

Technische Hürden können am ersten Tag frustrierend sein. Vermeide das, indem du alles gemeinsam mit dem Mitarbeiter überprüfst.

- **Systemzugänge:** Sind alle benötigten Zugänge und Kalender freigeschaltet?
- **Zeitstempel und Tools:** Erkläre wichtige Arbeitsmittel und stelle sicher, dass alles funktioniert, von der E-Mail bis zum Zeiterfassungssystem.
- **Software und Kommunikationsplattformen:** Zeige, wie die wichtigsten Programme wie JFX genutzt werden.

5. Feedbackgespräch zum ersten Arbeitstag

Der Tag sollte mit einem Feedbackgespräch abgeschlossen werden, um dem neuen Mitarbeiter die Möglichkeit zu geben, seine ersten Eindrücke zu teilen. Beispielhafte Fragen:

- **Wie geht's dir nach dem ersten Tag?**
- **Was war anders, als du erwartet hast?**
- **Was können wir für den nächsten ersten Tag besser machen?**
- **Mit welchem Gefühl gehst du heute nach Hause?**

E-Learning: Der Turbo für dein Onboarding

E-Learning ist ein gutes Werkzeug, um neue Mitarbeiter effizient und professionell einzuarbeiten. Mit geringem Aufwand kannst du früh ein System schaffen, das dir langfristig Zeit spart und deine Marke stärkt.

Warum E-Learning wichtig ist

- **Effizienz:** Mitarbeiter lernen Inhalte standardisiert und flexibel.
- **Professionalität:** Ein gebrandetes System hinterlässt Eindruck bei deinen Mitarbeitern.
- **Flexibilität:** Inhalte können schnell aktualisiert und erweitert werden.

Früh starten und ausbauen

Beginne mit einfachen Grundlagen wie Unternehmenswerten und Prozessen. Ergänze und aktualisiere Inhalte, während dein Unternehmen wächst. Dein Ziel: Ein modernes, vollständig gebrandetes System, das deine Identität widerspiegelt und maximale Identifikation schafft.

Hospitationen: Lernen durch Beobachten und Mitmachen

Hospitationen sind ein Win-win für alle Beteiligten. Sie fördern das Lernen, stärken Netzwerke und verbessern das gegenseitige Verständnis – intern und extern.

- **Praxisnahe Einführung:** Neue Mitarbeiter lernen Abläufe direkt in der Praxis kennen.
- **Netzwerkaufbau:** Durch Hospitationen bei Dienstleistern, Lieferanten oder anderen Partnern wird das Netzwerk gestärkt.
- **Vertieftes Verständnis:** Dein Mitarbeiter sieht, wie Prozesse außerhalb deines Unternehmens funktionieren, und bringt dieses Wissen in seinen Arbeitsalltag ein.

So planst du Hospitationen effektiv

1. **Voranmeldung:** Informiere deinen Mitarbeiter rechtzeitig darüber, bei wem er hospitieren wird, und kläre alle organisatorischen Details.
2. **Klare Ziele definieren:** Erkläre beiden Seiten – dem Mitarbeiter und dem Hospitationspartner – warum die Hospitation stattfindet und welche Vorteile sie bringt.
3. **Externe Partner einbinden:** Wenn du mit Dienstleistern, Produktgebern oder Lieferanten arbeitest, lass deine Mitarbeiter dort hospitieren. Das gibt ihnen ein umfassenderes Verständnis und schafft bessere Beziehungen zu diesen Partnern.

Tipp: Hospitationen auch umgekehrt anbieten

Du kannst den Wert von Hospitationen auch umkehren und deinen Lieferanten oder Partnern anbieten, bei dir zu hospitieren. Das stärkt die Zusammenarbeit und ermöglicht wertvolle Einblicke in deine Abläufe.

So delegierst du Aufgaben richtig

Delegation wird Deine essenzielle Fähigkeit werden. Sie sorgt nicht nur dafür, dass du dich auf umsatzproduzierende Tätigkeiten konzentrieren kannst, sondern macht auch dein Team stärker. Doch richtig zu delegieren, ist eine Kunst, die bewusst gelernt werden muss.

Welche Aufgaben solltest du vergeben – und welche nicht?

- **Vergeben:** Aufgaben, die klar definierbar sind und wenig persönlichen Input erfordern.
- **Nicht vergeben:** Strategische oder kreative Schlüsselaufgaben, die deine persönliche Handschrift brauchen.

Achtung vor der **Miniaufgaben-Falle**: Wenn du nur Kleinstaufgaben delegierst, bleibt der große Arbeitsaufwand bei dir. Lerne, auch größere Verantwortlichkeiten abzugeben.

Ergebnisse sind nicht schlechter, nur anders

Akzeptiere, dass Mitarbeiter Aufgaben anders lösen als du – das bedeutet nicht, dass die Ergebnisse schlechter sind. Halte regelmäßige Realitätsabgleiche:

- **»Was ist in deinem Kopf, was in meinem?«**
  Dieser Abgleich hilft Missverständnisse zu vermeiden und Erwartungen zu klären.

Das »Fluten«-Prinzip: Deckungsgleichheit schaffen

Auf U-Booten ist jeder Fehler potenziell lebensbedrohlich. Deshalb wird dort jeder Befehl nicht nur ausgesprochen, sondern auch wiederholt und bestätigt. Dieses Ritual sorgt dafür, dass alle Beteiligten das Gleiche verstehen – deckungsgleich.

Übertrage dieses Prinzip auf deine Aufgabenstellung:

- **Nachfragen:** Bitte deinen Mitarbeiter, die Aufgabe in seinen eigenen Worten zusammenzufassen.

- **Bestätigung:** Prüfe, ob das Verständnis mit deiner Erwartung übereinstimmt.

So schaffst du absolute Klarheit und vermeidest teure Missverständnisse.

Die Aufgabenstellung zusammenfassen

Mache das Zusammenfassen der Aufgabenstellung zum festen Ritual. Du kannst dabei locker bleiben, aber beharrlich sein: Klarheit schützt vor Fehlern – nicht nur auf U-Booten, sondern auch im Büro.

Eisenhower-Prinzip: Prioritäten setzen

Nutze das Eisenhower-Prinzip, um Aufgaben zu priorisieren:

- **Wichtig und dringend:** Sofort selbst erledigen.
- **Wichtig, aber nicht dringend:** Planen und delegieren.
- **Dringend, aber nicht wichtig:** Delegieren.
- **Weder dringend noch wichtig:** Weglassen.

Fokussiere dich auf umsatzproduzierende Tätigkeiten. Delegiere nicht alles nur, weil du es plötzlich kannst – höre auf dein Bauchgefühl.

Informationen, Deadlines und Kontrolle

- Stelle sicher, dass der Mitarbeiter alle notwendigen Informationen hat.
- Kläre Unklarheiten sofort und setze klare Deadlines.
- **Hack:** Lege dir Kalendereinträge zur Fristenkontrolle an, um Nachverfolgung zu gewährleisten.

Fragen fördern – als Schlüssel zu Wachstum

Das wichtigste, was du als Führungskraft tun kannst: Fragen stellen. Wenn du selbst Fragen stellst, zeigst du deinem Mitarbeiter, dass dies ein wichtiger Teil der Arbeit ist. Das befähigt ihn, selbstständig Probleme zu lösen. Fragen. Fragen. Fragen.

Hack: Eine der besten Fragen lautet: »Was meinst du damit?« Diese einfache Frage fördert Klarheit und zeigt, dass du wirklich verstehst, worauf es ankommt.

SOS! Der Mitarbeiter performt nicht – Was tun, wenn du dich getäuscht hast?

Es kann passieren: Du stellst fest, dass ein Mitarbeiter nicht die Leistung bringt, die du erwartet hast, oder sich nicht wie erhofft ins Team einfügt. Besonders beim ersten Mitarbeiter ist das kritisch, da er den Maßstab für alle weiteren Kollegen setzt. Deshalb musst du schnell handeln und klare Entscheidungen treffen.

Sofort das Gespräch suchen

Warte nicht ab, sondern sprich Probleme direkt an. Je schneller du das Gespräch führst, desto eher kannst du gegensteuern.

- **Themen ansprechen:** Neben der Leistung zählen auch Verhaltensaspekte wie Pünktlichkeit, Kommunikation und Engagement.
- **Klarheit schaffen:** Formuliere konkret, was nicht passt, und welche Erwartungen du hast.

Der erste Mitarbeiter setzt den Standard

Dein erster Mitarbeiter prägt die Unternehmenskultur und wird oft als Vorbild für künftige Kollegen gesehen. Wenn du hier zu nachsichtig bist, setzt das falsche Signale für zukünftige Einstellungen.

Sofort Entscheidungen treffen

Wenn das Gespräch keine Verbesserung bringt, solltest du nicht zögern. Jede Verzögerung kostet Zeit, Geld und Motivation – nicht nur bei dir, sondern auch im Team.

Wenn Karenzzeit, dann mit klaren Zielen

Falls du dem Mitarbeiter eine Chance geben möchtest, setze konkrete, messbare Ziele:

- Was genau soll sich bis wann verbessern?
- Wie wird der Fortschritt überprüft?
- Welche Konsequenzen gibt es, wenn die Ziele nicht erreicht werden?

Dokumentiere diese Vereinbarung, um die Entwicklung nachvollziehen zu können.

Im Zweifel immer gegen den Kandidaten

Wenn du unsicher bist, ob es langfristig funktionieren wird, lautet die Regel: Im Zweifel trennen. Es ist besser, früh eine klare Entscheidung zu treffen, als das Risiko einzugehen, dass die Zusammenarbeit scheitert und du noch mehr Ressourcen verlierst.

Sonderfall Ghosting – Was tun, wenn der Mitarbeiter nicht zum ersten Arbeitstag erscheint?

Das sogenannte »Ghosting«, bei dem Bewerber ohne Absage einfach nicht zum ersten Arbeitstag erscheinen, ist ein Phänomen, das immer häufiger vorkommt. Studien zeigen, dass in manchen Branchen bis zu 20 % der Arbeitgeber von »No-Shows« berichten. Die Gründe dafür sind vielfältig: Unsicherheit, bessere Jobangebote oder schlicht mangelnde Professionalität. Was früher die Ausnahme war, scheint sich zunehmend zu einem neuen Standard zu entwickeln – besonders in Bereichen mit hohem Wettbewerb um Fachkräfte.

Wenn ein neuer Mitarbeiter nicht erscheint, ist das ärgerlich, aber kein Grund, sich davon aus der Bahn werfen zu lassen. Bleibe ruhig und professionell. Wer sich so verhält, hätte langfristig vermutlich ohnehin nicht gut ins Team gepasst. Es ist wichtig, sich nicht emotional in die Situation hineinzusteigern. Verzichte darauf, dem Bewerber Vorwürfe zu machen oder »Steine hinterherzuwerfen«. Eine höfliche Nachfrage per E-Mail, ob es ein Missverständnis gab, reicht völlig aus.

Eine Ausnahme bilden jedoch Fälle, in denen der Mitarbeiter über einen Personalvermittler eingestellt wurde. Hier solltest du klare Konsequenzen ziehen. Fordere vom Dienstleister eine Klärung und gegebenenfalls Ersatz.

In einem meiner Fälle meldete sich ein neuer Mitarbeiter direkt nach dem ersten Tag krank. Nach Absprache mit dem Personalvermittler haben wir den Vertrag sofort beendet. Solche Situationen darfst du dir nicht gefallen lassen – sei hier konsequent und professionell.

Um aus solchen Vorfällen zu lernen, ist es wichtig, deinen Bewerbungs- und Onboarding-Prozess kritisch zu hinterfragen. Halte den Kontakt mit neuen Mitarbeitern nach der Vertragsunterzeichnung eng, um Unsicherheiten und Missverständnisse zu vermeiden. Eine gut durchdachte Kommunikation kann das Risiko von »No-Shows« deutlich reduzieren.

Kapitel 4.
Mitarbeiter erfolgreich machen

Höchstleistung durch Führung: So setzt dein Team Maßstäbe

Ein erfolgreiches Unternehmen steht und fällt mit der Leistung seiner Mitarbeiter. Doch Spitzenleistung entsteht nicht von allein – sie erfordert gezielte Förderung, klare Strukturen und kontinuierliche Unterstützung. In diesem Kapitel geht es darum, wie du deine Mitarbeiter nicht nur einarbeitest, sondern ihnen die Werkzeuge und das Umfeld gibst, um langfristig erfolgreich zu sein.

Es reicht nicht, Mitarbeiter einzustellen und auf Eigeninitiative zu hoffen. Führung bedeutet, Potenziale zu erkennen, zu fördern und die richtigen Rahmenbedingungen zu schaffen. Dabei geht es um mehr als Fachwissen: Auch Motivation, persönliche Entwicklung und die Fähigkeit, im Team zu glänzen, spielen eine entscheidende Rolle.

Dieses Kapitel zeigt dir, wie du die richtigen Strategien entwickelst, um Mitarbeiter nachhaltig zu stärken – für ihren Erfolg und den deines Unternehmens.

Insider-Tipp für Unternehmer und Selbstständige: Die 30/60/90-Methode

So machst du deine ersten Mitarbeiter erfolgreich

Ein gelungener Start ist entscheidend, um Mitarbeiter nicht nur einzuarbeiten, sondern sie auch nachhaltig in deinem Unternehmen zu verankern. Mit der 30/60/90-Methode schaffst du eine klare Struktur, die Orientierung bietet und gezielt Wissen, Netzwerke und Eigeninitiative fördert. Diese Methode ist besonders hilfreich, wenn du gerade dein erstes Team aufbaust oder in einem schnell wachsenden Start-up die Grundlagen für nachhaltigen Erfolg legen möchtest.

Die ersten 30 Tage: Wissen aufsaugen wie ein Schwamm

In den ersten 30 Tagen geht es für deinen neuen Mitarbeiter darum, das Unternehmen und seine Abläufe vollständig zu verstehen. Dein Ziel: eine solide Basis für eigenständiges Arbeiten schaffen.

- **Fragen stellen und lernen:** Ermutige deinen Mitarbeiter, neugierig zu sein und viele Fragen zu stellen.
- **Prozesse und Strukturen verstehen:** Vermittle ihm, wie die Abläufe im Unternehmen funktionieren und wo die wichtigen Schnittstellen liegen.
- **Kultur und Vision kennenlernen:** Hilf ihm, die Werte, Mission und Vision deines Unternehmens zu verstehen.
- **Tipp für Unternehmer:** Nutze diese Phase, um Feedback einzuholen – sowohl vom neuen Mitarbeiter als auch vom bestehenden Team. Dadurch kannst du mögliche Lücken in der Einführung schnell schließen.

Die nächsten 60 Tage: Netzwerken und Beziehungen aufbauen

Nach den ersten 30 Tagen sollte der Mitarbeiter die Abläufe verstanden haben. Jetzt ist es Zeit, ihn dabei zu unterstützen, Beziehungen innerhalb des Teams und über Teamgrenzen hinaus aufzubauen.

- **Schaffe Gelegenheiten für Austausch:** Lade deinen Mitarbeiter zu Team-Meetings, Kaffeepausen oder gemeinsamen Mittagessen ein.
- **Beziehungen stärken:** Fördere gezielt den Austausch mit anderen Abteilungen oder wichtigen Partnern.
- **Teamwork fördern:** Ermutige dein Team, den neuen Mitarbeiter in Projekte einzubinden und aktiv den Austausch zu suchen.
- **Tipp für Unternehmer:** Ein starkes Netzwerk im Unternehmen ist der Schlüssel für schnelle Problemlösungen und langfristige Zusammenarbeit. Investiere bewusst in diese Phase.

Die letzten 90 Tage: Initiative zeigen und Verantwortung übernehmen
Mit dem aufgebauten Wissen und Netzwerk ist es jetzt an der Zeit, dass
der Mitarbeiter Eigenverantwortung übernimmt und erste Projekte selbstständig umsetzt.

- **Ein eigenes Projekt starten:** Ermutige deinen Mitarbeiter, ein
  eigenes Projekt zu initiieren – idealerweise eines, das sowohl
  einen Mehrwert fürs Unternehmen bringt als auch seine Stärken
  nutzt.
- **Führung und Selbstständigkeit fördern:** Unterstütze ihn
  dabei, Verantwortung zu übernehmen und Entscheidungen zu
  treffen.
- **Mut zur Umsetzung:** Perfektion ist nicht das Ziel – es geht
  darum, Dinge anzupacken, Erfahrungen zu sammeln und aus
  Fehlern zu lernen.
- **Tipp für Unternehmer:** Nutze diese Phase, um Vertrauen aufzubauen und deinem neuen Mitarbeiter zu zeigen, dass du an
  seine Fähigkeiten glaubst.

Meine 10 Quick-Tipps für die Führung im Alltag

Führung im Alltag ist eine Kunst, die mit klaren Prinzipien und bewussten
Entscheidungen deutlich einfacher wird. Diese zehn Tipps helfen dir, als
Führungskraft authentisch und effektiv zu sein – Tag für Tag.

1. Sei präsent

Zeige dich im Arbeitsumfeld. Verkrieche dich nicht im Büro, sondern sei
sichtbar und ansprechbar. Deine Präsenz zeigt, dass du Teil des Teams
bist.

2. Fragen, Fragen, Fragen

Bleibe neugierig und stelle immer wieder Fragen. Nicht nur zu Aufgaben
und Fortschritten, sondern auch zur Zufriedenheit und Entwicklung deiner
Mitarbeiter. Fragen fördern Austausch und Wachstum.

3. Fasse zusammen

Nach jedem Gespräch oder Meeting: Fasse die wichtigsten Punkte zusammen. Das schafft Klarheit und sorgt dafür, dass alle Beteiligten auf dem gleichen Stand sind.

4. Nimm dir Zeit für längere Gespräche

Kurze Absprachen sind wichtig, aber manchmal braucht es längere Gespräche. Plane regelmäßig Zeit ein, um intensiver auf Themen oder Herausforderungen deiner Mitarbeiter einzugehen.

5. Scanne ständig nach neuen Talenten

Habe ein Auge für unentdeckte Talente – sowohl intern als auch extern. Große Potenziale zu erkennen und zu fördern, ist ein Schlüssel zu langfristigem Erfolg.

6. Entscheidungen schnell treffen

Treffe Entscheidungen zügig und klar, ohne ständig die Richtung zu ändern. Ein Team braucht Verlässlichkeit und Stabilität, um effektiv zu arbeiten.

7. Lob beflügelt, Kritik hält auf

Fokussiere dich darauf, Lob gezielt und ehrlich auszusprechen. Kritik ist wichtig, sollte aber stets konstruktiv und mit Blick auf Lösungen erfolgen.

8. Entscheidungen erklären

Transparenz schafft Vertrauen. Erkläre deinen Mitarbeitern die Gründe hinter deinen Entscheidungen, damit sie die Zusammenhänge verstehen.

9. Ziele und Visionen erklären

Teile die Unternehmensziele und Visionen immer wieder – auch wenn es sich wiederholt. Gebetsmühlenartig zu kommunizieren sorgt dafür, dass alle Mitarbeiter den Sinn und die Richtung kennen.

10. Erfolg und Misserfolg gelassen managen

Lass dich vom Erfolg nicht verführen und vom Misserfolg nicht beirren.

Bleibe fokussiert und konsequent – das schafft Stabilität und Vertrauen in deine Führung.

Zauberfragen: Kleine Fragen, große Wirkung

Als Führungskraft sind Fragen eines deiner wichtigsten Werkzeuge. Sie fördern Klarheit, zeigen Interesse und helfen dir, besser zu verstehen, was deine Mitarbeiter brauchen. Zwei Fragen sind dabei besonders kraftvoll – sie wirken fast wie Zauberfragen.

1. »Was brauchst du von mir?«

Diese Frage zeigt nicht nur Wertschätzung, sondern bringt auch Probleme und Bedürfnisse direkt auf den Tisch. Oft scheitern Aufgaben nicht an den Fähigkeiten deiner Mitarbeiter, sondern daran, dass sie nicht wissen, welche Unterstützung sie bekommen können.

- **Wirkung:** Du signalisierst, dass du da bist, um zu helfen, ohne direkt einzugreifen.
- **Tipp:** Stelle diese Frage regelmäßig, um Barrieren frühzeitig zu erkennen und abzubauen.

2. »Was genau meinst du damit?«

Eine einfache Frage, die oft Wunder bewirkt. Sie fordert dein Gegenüber auf, genauer zu erklären, worum es wirklich geht. Missverständnisse werden so vermieden, und du bekommst ein besseres Verständnis für die Situation.

- **Wirkung:** Du klärst Unklarheiten, ohne Vorwürfe zu machen.
- **Tipp:** Nutze diese Frage besonders bei vagen oder unklaren Aussagen.

Jour Fix: Regelmäßige Meetings als Erfolgsfaktor

Ein Jour Fix – das regelmäßige Teammeeting – ist ein bewährtes Instrument, um den Informationsfluss zu fördern, Herausforderungen zu lösen und den Fokus im Team zu schärfen. Richtig umgesetzt, kann er dein Team voranbringen. Schlecht geführt, hingegen, wird er schnell zur Zeitverschwendung.

Was ist ein Jour Fix?

Ein Jour Fix ist ein festgelegtes, wiederkehrendes Meeting, bei dem alle relevanten Teammitglieder zusammenkommen, um aktuelle Themen zu besprechen. Ziel ist es, den Überblick zu behalten, Fragen zu klären und die Zusammenarbeit zu optimieren.

Chance und Risiko zugleich

Die Chance: Ein Jour Fix bietet Struktur und fördert den Austausch. Richtig moderiert, schafft er Transparenz, stärkt die Teamkultur und ermöglicht schnelle Entscheidungen.

Das Risiko: Ohne klare Agenda und Disziplin kann der Jour Fix zum langweiligen Pflichttermin verkommen, bei dem viel Zeit verloren geht und wenig Produktives herauskommt.

So machst du Meetings 80 % effektiver

1. **Agenda vorbereiten:** Setze eine klare Struktur und kommuniziere die Themenfelder vorab oder gleich zu Beginn des Meetings.
2. **Zeitmanagement:** Begrenze die Dauer auf maximal 30–45 Minuten. Lange Meetings rauben Energie.
3. **Teilnehmerkreis:** Lade nur die Personen ein, die tatsächlich etwas beitragen können.
4. **Moderation:** Führe das Meeting straff und lenke Gespräche zurück zum Thema, wenn sie abschweifen.
5. **Protokoll und To-dos:** Halte die Ergebnisse und Aufgaben schriftlich fest und teile sie direkt nach dem Meeting.

Die Scheibe mit vier Themenfeldern

Nutze die »4-Felder-Methode«, um das Meeting klar zu strukturieren und alle relevanten Punkte abzudecken:

1. **Positives:** Was läuft aktuell gut? Wo gibt es Erfolge, die geteilt werden können?
2. **Herausforderungen:** Welche Probleme oder Hindernisse stehen im Weg, und wie können wir sie lösen?
3. **Aktuelles:** Welche Neuigkeiten gibt es, die das Team betreffen?
4. **Ausblick:** Was sind die nächsten Schritte, und worauf sollten wir uns in der kommenden Woche konzentrieren?

Keinen pinken Elefanten im Raum lassen: So führst du ein Krisengespräch

In jedem Team oder Unternehmen gibt es hin und wieder Situationen, die Spannungen oder Unklarheiten verursachen. Wenn solche Themen nicht angesprochen werden, werden sie schnell zu »pinken Elefanten im Raum« – unübersehbar, aber ignoriert. Die Lösung: Direkte, klare Kommunikation, die Störfaktoren offen anspricht. So führst du ein erfolgreiches Krisengespräch.

Warum pinke Elefanten ansprechen wichtig ist

Unausgesprochene Probleme belasten das Arbeitsklima, verlangsamen Entscheidungen und senken die Produktivität. Als Führungskraft ist es deine Aufgabe, diese Themen offen anzusprechen und konstruktiv zu lösen. Je schneller du reagierst, desto leichter lassen sich Konflikte entschärfen.

Die 4-Schritte-Methode für Krisengespräche

»Mir ist aufgefallen, dass …«
Beginne mit einer neutralen Beobachtung. Beschreibe, was dir aufgefallen ist, ohne zu bewerten.
   o Beispiel: »Mir ist aufgefallen, dass du in letzter Zeit häufiger verspätet zu Meetings kommst.«
»Das führt dazu, dass …«
Erkläre die Konsequenzen des Verhaltens oder Problems, damit dein Gegenüber die Auswirkungen versteht.

o Beispiel: »Das führt dazu, dass wir oft verspätet beginnen
und andere Kollegen länger warten müssen.«

»Ich fühle mich …«
Zeige, wie sich die Situation auf dich oder das Team auswirkt.
Indem du aus deiner Perspektive sprichst, vermeidest du Vor-
würfe und machst das Gespräch persönlicher.

o Beispiel: »Ich fühle mich frustriert, weil ich möchte, dass
wir unsere Zeit effizient nutzen.«

»Wie lösen wir das?« oder »Wie gehen wir damit um?«
Beende das Gespräch mit einer lösungsorientierten Frage. So
gibst du deinem Gegenüber die Chance, aktiv zur Klärung beizu-
tragen.

o Beispiel: »Wie können wir gemeinsam sicherstellen, dass
die Meetings pünktlich starten?«

Tipps für ein gelungenes Krisengespräch

- **Sei direkt, aber respektvoll:** Sprich das Thema klar an, aber
bleibe sachlich und wertschätzend.
- **Konzentriere dich auf das Verhalten, nicht die Person:** Vermeide Aussagen wie »Du bist immer …«, und fokussiere dich auf
konkrete Situationen.
- **Dokumentiere das Ergebnis:** Halte fest, was besprochen wurde
und welche Lösungen vereinbart wurden, um Missverständnisse
zu vermeiden.
- **Bleibe konsequent:** Wenn sich das Verhalten nicht ändert,
sprich es erneut an und ziehe bei Bedarf klare Grenzen.

Die richtige Frequenz für Feedbackgespräche

Regelmäßige Feedbackgespräche sind ein entscheidender Faktor, um neue
Mitarbeiter gezielt zu unterstützen und langfristig erfolgreich zu machen.
Besonders in den ersten Monaten nach der Einstellung ist es wichtig, feste
Termine zu setzen und einen klaren Rhythmus einzuhalten. Ein bewährter

Zeitplan für Feedbackgespräche umfasst Gespräche nach dem 1., 2., und 3. Tag sowie nach 14, 30, 60, 90 und 180 Tagen.

Unabhängig vom Zeitpunkt der Gespräche bietet ein einheitlicher Fragenkatalog die notwendige Struktur, um die Kommunikation konsistent und effektiv zu gestalten. Zu den zentralen Fragen, die in jedem Feedbackgespräch gestellt werden sollten, gehören:

- Wie fühlst du dich in deiner Rolle?
- Gibt es etwas, das dir unklar ist oder dich bisher verunsichert hat?
- Was läuft aus deiner Sicht besonders gut?
- Wo siehst du Herausforderungen oder Verbesserungsbedarf?
- Was brauchst du von mir, um besser oder effizienter arbeiten zu können?
- Hast du konkrete Fragen oder Anregungen, die wir besprechen sollten?
- Wie bewertest du bisher die Zusammenarbeit im Team?
- Mit welchem Gefühl gehst du aus diesem Gespräch?

Die Bedeutung einer Firmenkultur: Hast du eine?

Jedes Unternehmen hat eine Firmenkultur – die Frage ist nur, ob sie bewusst gestaltet wurde oder sich einfach ergeben hat. Ohne klare Werte und Regeln entwickelt sich Kultur unkontrolliert, oft zu deinem Nachteil.

Eine starke Firmenkultur gibt Orientierung, schafft Vertrauen und motiviert Mitarbeiter. Sie beeinflusst, wie dein Team arbeitet, entscheidet und Konflikte löst. Doch bevor du dir über die Qualität deiner Kultur Gedanken machst, stelle dir eine einfache Frage: **Hast du eine Kultur – oder hat sie dich?**

Um die Antwort zu finden, frage dich selbst:

- Wofür steht mein Unternehmen?
- Lebe ich die Werte, die ich predige?
- Wie würden Mitarbeiter unser Unternehmen beschreiben?

Wenn die Antworten unklar oder widersprüchlich sind, ist es Zeit, aktiv zu werden und die Kultur bewusst zu gestalten.

Weiterbildung: kein »nice-to-have«

Als Führungskraft musst du den Takt vorgeben. Weiterbildung ist für dich kein Bonus, sondern Grundlage:

- **Führungswissen erweitern:** Bleib auf dem neuesten Stand in Themen wie Mitarbeiterführung, Change-Management oder Kommunikation.
- **Branchenentwicklung verstehen:** Investiere in Wissen über Trends und Innovationen deiner Branche.
- **Vorbild sein:** Zeige deinen Mitarbeitern, dass Lernen ein lebenslanger Prozess ist.

Weiterbildung für Mitarbeiter

Die Entwicklung deines Teams ist eine der besten Investitionen, die du machen kannst:

- **Individuelle Förderung:** Ermögliche Weiterbildung, die zu den Stärken und Zielen des Mitarbeiters passt.
- **Teamkompetenzen steigern:** Plane gemeinsame Schulungen, um die Zusammenarbeit und das Wissen im Team zu stärken.
- **Motivation und Bindung:** Weiterbildung zeigt Wertschätzung und sorgt dafür, dass Mitarbeiter langfristig bleiben.

Special: QCG und geförderte Maßnahmen

Das Qualifizierungschancengesetz (QCG) bietet Unternehmen umfangreiche finanzielle Unterstützung bei Weiterbildungsmaßnahmen – sowohl bei den Kurskosten als auch beim Lohn des Mitarbeiters:

- **Geförderte Maßnahmen:** Weiterbildungen, die bestehende Qualifikationen erweitern oder neue schaffen, werden bezuschusst.

- **Kurskosten:** Bis zu 100 % der Kosten werden übernommen, abhängig von der Größe deines Unternehmens.
- **Lohnzuschuss:** Auch der Arbeitsausfall während der Weiterbildung wird gefördert:

  o   Bis zu 25 % des Lohns für große Unternehmen.
  o   Bis zu 50 % für mittlere Unternehmen.
  o   Bis zu 75 % für kleine Unternehmen.
  o   Bis zu 100 % bei besonderen Zielgruppen, wie Geringqualifizierten.

Informiere dich bei der Agentur für Arbeit oder spezialisierten Weiterbildungsanbietern über passende Fördermöglichkeiten und Antragsprozesse.

Wertschätzung im Alltag: Kleine Gesten, große Wirkung

Wertschätzung im Alltag ist einer der wirksamsten Hebel, um die Motivation und Loyalität deiner Mitarbeiter zu stärken. Oft reichen kleine, gezielte Aufmerksamkeiten, um zu zeigen, dass du die Arbeit und das Engagement deines Teams schätzt.

Kleine Geschenke mit großer Wirkung

- Geburtstagspräsente, persönliche Dankeskarten oder Gutscheine bis zu 50 Euro pro Monat bieten eine steuerlich attraktive Möglichkeit, Wertschätzung auszudrücken, ohne hohe Zusatzkosten zu verursachen.
- Anlassbezogene Geschenke, wie eine Aufmerksamkeit zu Weihnachten oder ein »kleines Präsent« für den erfolgreichen Abschluss eines Projekts, bleiben in Erinnerung und motivieren nachhaltig.

Getränke und kleine Annehmlichkeiten

- Kostenlose Getränke wie Kaffee, Tee oder ein Wasserspender erleichtern den Alltag und zeigen, dass dir das Wohlbefinden deines Teams wichtig ist.
- Gesunde Snacks, wie ein Obstkorb, können ein weiterer Pluspunkt sein.
- Viele dieser Angebote sind steuerlich absetzbar und bleiben für Mitarbeiter steuerfrei.

Das Captains Dinner: Ein Ritual der Wertschätzung

Eine besonders wertschätzende Geste ist das sogenannte »Captains Dinner« – ein gemeinsames Essen mit einzelnen Mitarbeitern oder dem gesamten Team, das abseits des Arbeitsalltags stattfindet.

- Solche Treffen fördern den persönlichen Austausch und stärken die Bindung zwischen Führungskraft und Team.
- Plane sie regelmäßig, etwa einmal im Quartal, und lade dabei abwechselnd unterschiedliche Mitarbeiter ein.

Mini-Feedback: Wertschätzung im Alltag

Mini-Feedbacks sind eine einfache, aber wirkungsvolle Möglichkeit, regelmäßig mit deinen Mitarbeitern ins Gespräch zu kommen. Ein kurzer Austausch, etwa bei einem gemeinsamen Spaziergang, schafft eine entspannte Atmosphäre und signalisiert echte Wertschätzung. Mitarbeiter schätzen diese kleinen Gesten besonders, weil sie zeigen, dass du dir bewusst Zeit nimmst, um zuzuhören und Interesse zu zeigen. Stelle offene Fragen wie »Was läuft gerade gut?« oder »Gibt es etwas, das dich beschäftigt?«, um Einblicke zu gewinnen und die Bindung zu stärken. Solche Momente fördern nicht nur eine Kultur der Offenheit, sondern stärken auch das Vertrauen im Team – und das ganz ohne großen Aufwand.

Homeoffice: Chancen und Herausforderungen

Das Thema Homeoffice wird heiß diskutiert, und viele Mitarbeiter betrachten es als selbstverständlich. Doch die Einführung von Homeoffice muss strategisch, wirtschaftlich und führungstechnisch abgewogen werden. Während es klare Vorteile bietet, sind die Herausforderungen, insbesondere in der Führung, erheblich.

Die Vorteile von Homeoffice

- **Wirtschaftliche Einsparungen:** Unternehmen können Kosten für Büroräume, Infrastruktur und Nebenkosten reduzieren, wenn Homeoffice konsequent umgesetzt wird.
- **Flexibilität und Attraktivität:** Homeoffice macht Unternehmen für viele Fachkräfte attraktiver und erhöht die Zufriedenheit bei Mitarbeitern, die diese Arbeitsweise schätzen.
- **Erweiterter Bewerberpool:** Mit Homeoffice hast du Zugriff auf Talente im gesamten DACH-Raum, was die Besetzung offener Stellen deutlich erleichtert.

Die Nachteile von Homeoffice

- **Führungskomplexität:** Führung im Homeoffice ist deutlich anspruchsvoller, da der direkte Kontakt und spontane Kommunikation entfallen. Es erfordert mehr Planung, häufigere Check-ins und stärkere Zielorientierung.
- **Keine zufälligen Begegnungen:** Der kreative und informelle Austausch, der auf dem Flur oder in der Kaffeeküche stattfindet, fällt weg. Jeder Austausch muss aktiv geplant werden, was spontane Ideen erschwert.
- **Produktivitätsverluste:** Studien zeigen, dass Homeoffice nicht immer zu höherer Produktivität führt. Eine Analyse des World Economic Forum (WEF) basierend auf Microsoft-Daten ergab, dass 45 % der Arbeitnehmer im Homeoffice weniger produktiv sind. Natürlich kann es auch vor Ort unproduktive Phasen geben, doch Homeoffice verlangt zusätzliche Disziplin und Struktur.

- **Unterschiedliche Arbeitsstile:** Nicht jeder Mitarbeiter ist für Homeoffice geeignet. Manche arbeiten produktiver im Büro, wo sie klare Strukturen und den sozialen Kontakt mit Kollegen haben.
- **Falsche Narrative:** Es ist ein Mythos, dass Unternehmen, die kein Homeoffice anbieten, veraltet oder unfähig zu führen sind. Die Realität ist, dass Homeoffice eine erhebliche Führungsherausforderung darstellt, die nicht jede Organisation oder Branche bewältigen kann.

Führung im Homeoffice erfordert eine andere Herangehensweise und erhebliche Anpassungen. Ohne direkten Kontakt fehlt oft die spontane Kommunikation, weshalb klare Regeln und feste Strukturen notwendig sind. Regelmäßige Updates und gut geplante Meetings sichern den Informationsfluss und verhindern, dass Mitarbeiter sich isoliert fühlen. Gleichzeitig müssen Führungskräfte lernen, ihre Teams individuell zu motivieren und die unterschiedlichen Arbeitsstile der Mitarbeiter zu berücksichtigen – manche blühen im Homeoffice auf, andere sind produktiver im Büro. Diese Balance zu finden, erfordert Zeit, Disziplin und Flexibilität, um die verschiedenen Bedürfnisse im Team zu verstehen und bestmöglich zu fördern.

10 kraftvolle Tipps für die Führung im Homeoffice

1. **Ergebnisse statt Kontrolle**
   Miss Leistung an Ergebnissen, nicht nur an der Online-Zeit. Klare
   Ziele und Deadlines sind Pflicht.
2. **Schnelle und direkte Kommunikation**
   Check-ins per Video oder Telefon – kein Verstecken hinter E-Mails.
   Sprich Klartext, kurz und prägnant.
3. **Tools nutzen**
   Nutze Projektmanagement- und Kommunikationstools wie Trello,
   Slack oder Teams konsequent.
4. **Keine Geisterstunden**
   Halte das Team sichtbar: Regelmäßige Meetings und klare Verfüg-
   barkeiten sorgen für Präsenz und Fokus.
5. **Lob, das zählt**
   Anerkennung wirkt digital genauso. Ein gezieltes Lob motiviert und
   bindet.
6. **Proaktive Problemlösung**
   Frag: »Was brauchst du von mir, um besser zu arbeiten?« und löse
   Hürden schnell. Lange Wartezeiten killen Produktivität.
7. **Teamgeist aufrechterhalten**
   Kurze, auch Off-Topic-Gespräche halten das Teamgefühl am Leben.
8. **Flexibilität mit Grenzen**
   Biete Freiraum bei Arbeitszeiten, aber mach klar: Verfügbarkeit in
   Kernzeiten ist nicht verhandelbar.
9. **Effizienz statt Meetings**
   Meetings ohne klare Agenda bitte abbrechen. Sorg dafür dass alle
   die gleichen Infos haben.
10. **Fordere Feedback ein**
    Frag aktiv nach: »Wie funktioniert Homeoffice für dich? Was kön-
    nen wir verbessern?« und handle sofort.

Lob und Wertschätzung: So machst du es richtig

Lob ist eines der stärksten Werkzeuge einer Führungskraft – wenn es richtig eingesetzt wird. Es motiviert, stärkt das Selbstbewusstsein und zeigt deinen Mitarbeitern, dass ihre Arbeit nicht unbemerkt bleibt. Doch unüberlegtes Lob kann schnell ins Leere laufen oder sogar demotivieren. Ein simples »Gut gemacht!« reicht oft nicht aus. Damit Lob seine volle Wirkung entfaltet, muss es glaubwürdig, konkret und individuell sein. Mitarbeiter, die sich wertgeschätzt fühlen, sind engagierter, leistungsbereiter und bleiben langfristig motiviert. Doch wie lobe ich richtig?

Wie lobe ich richtig?

- **Konkret statt allgemein:** Nenne genau, was dir gefallen hat. Beispiel: »Deine Präsentation war super strukturiert und hat die Kunden direkt überzeugt.«
- **Zeitnah:** Lob wirkt am besten, wenn es unmittelbar nach der Leistung ausgesprochen wird. Lasse keine Wochen vergehen.
- **Ehrlich und authentisch:** Falsches oder übertriebenes Lob wirkt schnell aufgesetzt und verliert seinen Wert.
- **Im richtigen Rahmen:** Überlege, ob du das Lob privat oder vor dem Team aussprechen solltest – je nach Kontext kann beides passend sein.
- **Auf die Person eingehen:** Lob sollte individuell sein und zur Persönlichkeit des Mitarbeiters passen. Manche freuen sich über öffentliches Lob, andere bevorzugen es im Vier-Augen-Gespräch.

Lob als Teil der Unternehmenskultur

Lob sollte nicht nur von dir kommen, sondern auch Teil der Teamkultur sein. Ermutige deine Mitarbeiter, sich gegenseitig Anerkennung auszusprechen. Eine wertschätzende Atmosphäre stärkt das gesamte Team und sorgt für ein positives Arbeitsklima.

Der Unterschied zwischen Lob und Anerkennung

Lob bezieht sich auf eine konkrete Leistung (»Du hast das richtig gut gemacht«), während Anerkennung allgemeiner ist (»Ich schätze deine

Zuverlässigkeit sehr«). Beide sind wichtig, sollten aber gezielt eingesetzt werden, um ihre Wirkung zu entfalten.

Lob ist kostenlos, aber extrem wertvoll. Wenn du es richtig einsetzt, stärkst du nicht nur das Selbstbewusstsein deiner Mitarbeiter, sondern schaffst auch eine Kultur der Wertschätzung, die langfristig den Erfolg deines Teams sichert.

Kapitel 5.
Mitarbeiter kündigen

Wenn's nicht mehr passt: Trennen mit Respekt und Weitsicht.

Das Thema Kündigung ist für jede Führungskraft eine Herausforderung. Es löst häufig Ängste und Unsicherheiten aus, sowohl auf Seiten des Arbeitgebers als auch des Mitarbeiters. Doch manchmal ist eine Kündigung der einzig richtige Schritt – nicht nur für das Unternehmen, sondern auch für den betroffenen Mitarbeiter.

Die Kunst besteht darin, Kündigungen professionell und empathisch zu gestalten, dabei aber konsequent zu bleiben. Dieses Kapitel zeigt dir, wie du Anzeichen frühzeitig erkennst, den richtigen Zeitpunkt findest und Kündigungen so durchführst, dass beide Seiten langfristig davon profitieren können.

Von der Notwendigkeit der Kündigung

Eine Kündigung ist kein persönliches Versagen, sondern oft ein notwendiger Schritt, um die besten Ergebnisse für alle Beteiligten zu erzielen.

Perspektive wechseln: Vorteile auf beiden Seiten

Eine Kündigung schafft Klarheit. Für das Unternehmen bedeutet sie, dass wichtige Positionen mit den richtigen Menschen besetzt werden können. Für den Mitarbeiter eröffnet sie die Möglichkeit, eine Aufgabe zu finden, die besser zu seinen Fähigkeiten und Zielen passt.

Die betriebswirtschaftliche Notwendigkeit

Unproduktive Mitarbeiter kosten Geld und bremsen das Team. Manchmal ist der wirtschaftliche Druck einfach zu hoch, um an jemandem festzuhalten, der die nötige Leistung nicht bringt. Hier ist Rationalität gefragt: Wenn ein Mitarbeiter das Team nicht voranbringt, leidet am Ende das ganze Unternehmen.

Frühe Anzeichen erkennen

Ein schlechtes Bauchgefühl oder erste Warnsignale – wie mangelnde Leistung, unzuverlässiges Verhalten oder fehlende Motivation – sollten ernst genommen werden. Oft wird zu lange gezögert, was die Situation verschlimmert und dem gesamten Team schadet.

Keine Angst vor Kritik oder schlechter Bewertung

Kündigungen sind selten populär, weder im Unternehmen noch bei den Betroffenen. Doch du bist nicht da, um jedem zu gefallen. Deine Aufgabe ist es, das Unternehmen erfolgreich zu führen – auch wenn das bedeutet, unpopuläre Entscheidungen zu treffen.

Rollenwechsel: Anwalt des Unternehmens

Viele Führungskräfte handeln zu zögerlich, weil sie zu stark emotional involviert sind. Versetze dich in die Rolle eines Anwalts deines Unternehmens: Was wäre die beste Entscheidung für das Unternehmen und die verbleibenden Mitarbeiter? Nachlässigkeit bei einer Kündigung sendet das falsche Signal – ein einziges Mal nachgeben, und das Team verliert Vertrauen in deine Konsequenz.

Qualität und Begehrlichkeit durch hohe Standards

Denke an Beispiele wie Musicals, Militäreinheiten oder Elite-Universitäten: Dort gibt es strenge Aufnahmekriterien, die für Exzellenz sorgen. Auch dein Unternehmen sollte solche Standards setzen. Mitarbeiter, die nicht bereit oder fähig sind, diese zu erfüllen, passen nicht ins Team. Am Ende geht es darum, das Beste für deine Kunden und dein Team zu gewährleisten.

Soll ich kündigen? Eine Entscheidungshilfe für schwierige Fälle

Nicht jede Situation, die problematisch erscheint, erfordert sofort eine Kündigung. Oft bewegen sich Fälle im Graubereich, in dem weder die Leistung noch das Verhalten eindeutig sind. Hier hilft eine systematische Herangehensweise, um die richtige Entscheidung zu treffen.

Leistung oder Verhalten?

Unterscheide klar, ob das Problem in der Leistung oder im Verhalten des Mitarbeiters liegt:

- **Leistung:** Liegt es an mangelndem Können oder fehlendem Wissen? Gibt es realistische Chancen, dass der Mitarbeiter sich verbessern kann?
- **Verhalten:** Ist das Verhalten respektlos, unkollegial oder destruktiv? Solche Probleme sind oft schwerer zu lösen, da sie die Teamdynamik belasten.

Fragen, die du dir stellen solltest

- **Sind klare Erwartungen gesetzt?** Wurde dem Mitarbeiter klar kommuniziert, was von ihm erwartet wird?
- **Wurde bereits Feedback gegeben?** Hat der Mitarbeiter eine Chance erhalten, sein Verhalten oder seine Leistung zu verbessern?
- **Wie groß ist der Schaden für das Team oder Unternehmen?** Belastet der Mitarbeiter die anderen oder behindert er wichtige Prozesse?
- **Ist die Situation kurzfristig lösbar?** Könnte eine Schulung, ein Coaching oder eine interne Versetzung eine Lösung sein?

Grauzonen erkennen und abwägen

Manchmal sind die Probleme nicht eindeutig, und es gibt sowohl positive als auch negative Aspekte. In solchen Fällen hilft es, die Situation zu bewerten:

- **Kosten-Nutzen-Analyse:** Wie hoch ist der Aufwand, den Mitarbeiter zu halten, im Vergleich zu den potenziellen Verlusten durch eine Kündigung?
- **Langfristige Perspektive:** Gibt es Anzeichen, dass der Mitarbeiter in Zukunft wieder produktiv sein könnte?
- **Emotionen hinterfragen:** Wirst du von persönlichen Sympathien oder Abneigungen beeinflusst?

Ein systematischer Ansatz: Ampelprinzip

Nutze das Ampelprinzip, um Klarheit zu schaffen:

- **Grün:** Der Mitarbeiter zeigt Verbesserungspotenzial und Engagement. Unterstützung ist sinnvoll.
- **Gelb:** Es gibt Fortschritte, aber die Probleme sind noch nicht gelöst. Setze klare Fristen und Ziele.
- **Rot:** Keine Einsicht, keine Verbesserungen, und die Situation belastet das Team oder das Unternehmen nachhaltig. Eine Kündigung ist unausweichlich.

Hol dir externe Perspektiven

Sprich mit anderen Führungskräften, Mentoren oder HR-Experten. Ein neutraler Blick von außen hilft oft, die Situation objektiv einzuschätzen und blinde Flecken zu vermeiden.

Die Entscheidung, ob eine Kündigung der richtige Schritt ist, erfordert einen kühlen Kopf und eine gründliche Abwägung. Mit einer strukturierten Analyse kannst du sicherstellen, dass du eine faire, fundierte Entscheidung triffst – zum Wohl des Mitarbeiters und des Unternehmens.

Das Kündigungsgespräch vorbereiten

Ein Kündigungsgespräch erfordert eine gründliche Vorbereitung, um sicherzustellen, dass es sachlich und professionell verläuft. Mit der richtigen Vorbereitung kannst du klar und fokussiert auftreten, auch wenn das Gespräch emotional herausfordernd wird.

1. Argumente sammeln

Der erste Schritt in der Vorbereitung ist die klare Sammlung von Argumenten, die die Kündigung rechtfertigen. Dabei ist es entscheidend, sachlich zu bleiben:

- Welche konkreten Leistungen oder Verhaltensweisen haben nicht den Anforderungen entsprochen?
- Welche Gespräche oder Maßnahmen zur Verbesserung gab es bereits?

- Welche Auswirkungen hatte das Verhalten oder die Leistung auf das Team oder das Unternehmen?

Die Argumente sollten faktenbasiert, klar nachvollziehbar und gut strukturiert sein. Vermeide dabei persönliche Bewertungen oder emotionale Argumente.

2. Struktur schaffen

Bereite einen roten Faden für das Gespräch vor. Notiere dir die wichtigsten Punkte, die du ansprechen möchtest, und überlege, wie du die Inhalte klar und präzise vermitteln kannst. Das hilft dir, während des Gesprächs den Überblick zu behalten und deine Argumente logisch aufzubauen.

3. Realistische Erwartungen setzen

Gehe mit der richtigen Einstellung in das Gespräch. Es ist unwahrscheinlich, dass der Mitarbeiter die Kündigung sofort akzeptiert oder einsichtig reagiert. Emotionen wie Überraschung, Abwehr oder Ärger sind normal. Deine Aufgabe ist es, vorbereitet und professionell zu bleiben, unabhängig davon, wie dein Gegenüber reagiert.

4. Dokumentation überprüfen

Vor dem Gespräch solltest du sicherstellen, dass alle relevanten Unterlagen vollständig und korrekt sind. Dazu gehören:

- Leistungsbeurteilungen oder Feedbackprotokolle
- Abmahnungen oder ähnliche Dokumente, falls vorhanden
- Der vorbereitete Kündigungsschreiben-Entwurf

Eine lückenlose Dokumentation sorgt für Sicherheit und beugt Missverständnissen vor.

5. Den richtigen Rahmen wählen

Überlege dir, wann und wo das Gespräch stattfinden soll. Der Ort sollte diskret und neutral sein, damit der Mitarbeiter ungestört ist. Plane genügend Zeit ein, um das Gespräch ruhig und ohne Zeitdruck führen zu können.

Das Kündigungsgespräch: Klarheit, Konsequenz und Professionalität

Ein Kündigungsgespräch ist immer herausfordernd, sowohl für die Führungskraft als auch für den Mitarbeiter. Umso wichtiger ist es, klar, professionell und konsequent zu handeln. Es gibt keinen Raum für Unsicherheiten oder Missverständnisse – eine klare Linie ist entscheidend, um die Situation sauber abzuschließen und das Vertrauen des Teams zu erhalten.

Vorbereitung jetzt umsetzen

- **Rechtliche Grundlagen beachten:** Stelle sicher, dass der Kündigungsgrund rechtlich fundiert ist und alle notwendigen Schritte eingehalten wurden.
- **Vertraute einweihen:** Informiere enge Vertraute im Unternehmen vorab, wie etwa HR oder direkte Kollegen, die betroffen sein könnten.
- **Szenarien durchspielen:** Überlege dir mögliche Reaktionen des Mitarbeiters und wie du darauf reagieren wirst. Kläre auch, ob Kunden oder externe Partner informiert werden müssen.
- **Zeugen einladen:** Führe das Gespräch niemals allein. Ein Zeuge, etwa aus der HR-Abteilung, bietet rechtliche Absicherung und zusätzliche Professionalität.

Der richtige Rahmen

- **Uhrzeit:** Plane das Gespräch vor Arbeitsbeginn oder nach Feierabend, um Störungen im Arbeitsalltag zu vermeiden.
- **Freistellung:** Kläre vorab, ob der Mitarbeiter nach der Kündigung freigestellt wird. Mein Tipp: Eine Freistellung verhindert Enttäuschung oder Störungen im Team und sorgt für einen saubereren Abschluss.
- **Klarheit über Urlaub und Zeugnis:** Sei vorbereitet, diese Themen anzusprechen, falls sie zur Sprache kommen.

So führst du das Gespräch

- **Keine Spielräume lassen:** Eine getroffene Entscheidung darf nicht infrage gestellt oder verhandelt werden. Einknicken oder Nachgeben sendet immer falsche Signale – sowohl an den Mitarbeiter als auch an das Team.
- **Direkt zur Sache kommen:** Verzichte auf Small Talk. Beginne das Gespräch mit Klarheit, z. B.: »Ich habe heute keine gute Nachricht für Sie. Wir müssen uns leider voneinander trennen.«
- **Die Entscheidung mehrfach benennen:** Viele Mitarbeiter sind im ersten Moment geschockt und nehmen die Botschaft nicht vollständig auf. Wiederhole daher die Entscheidung klar und deutlich, um Missverständnisse zu vermeiden.
- **Gesprächsleitfaden nutzen:** Struktur ist entscheidend. Ein Leitfaden hilft dir, den roten Faden zu behalten und wichtige Punkte anzusprechen.

Was kommt danach?

- **Das Team informieren:** Nach der Kündigung solltest du das Team so schnell wie möglich über die Entscheidung aufklären. Unerklärte Kündigungen führen zu Unsicherheit und Angst. Erkläre die Hintergründe sachlich, ohne ins Detail zu gehen.

Kunden oder externe Partner informieren: Falls nötig, kommuniziere die Änderung auch an wichtige externe Stakeholder.

Gesprächsleitfaden: Deine Struktur für das Kündigungsgespräch

1. **Eröffnung:** »Vielen Dank, dass Sie sich Zeit genommen haben. Ich habe heute keine gute Nachricht für Sie.«
2. **Entscheidung klar benennen:** »Wir müssen uns leider trennen. Die Entscheidung steht fest.«
3. **Begründung:** Sachlich und logisch, ohne persönliche Bewertungen: »Ihre Leistungen haben trotz Gesprächen und Unterstützung nicht unseren Anforderungen entsprochen.«

4. **Nächste Schritte:** Klärung von Freistellung, Urlaub und Zeugnis.
5. **Abschluss:** Verabschiedung mit klarer Kommunikation: »Ich danke Ihnen für die Zusammenarbeit und wünsche Ihnen für die Zukunft alles Gute.«

Was tun, wenn der Mitarbeiter widerspricht?

Widerspruch ist bei Kündigungsgesprächen keine Seltenheit. Mitarbeiter reagieren oft emotional, überraschen mit Gegenargumenten oder zeigen Unverständnis. In solchen Momenten ist es entscheidend, ruhig und sachlich zu bleiben. Mache klar, dass die Entscheidung endgültig ist und nicht verhandelbar – etwa mit Sätzen wie: »Ich verstehe Ihren Punkt, aber die Entscheidung ist getroffen.« Wiederhole die Gründe kurz und präzise, ohne dich auf lange Diskussionen einzulassen.

Lasse dem Mitarbeiter Raum für seine Emotionen, setze jedoch klare Grenzen, falls das Gespräch unprofessionell wird. Eskaliert die Situation, kannst du das Gespräch höflich beenden: »Ich sehe, dass Sie aufgebracht sind. Lassen Sie uns das Gespräch zu einem späteren Zeitpunkt fortsetzen.« Fertige anschließend ein Protokoll an, um Reaktionen und Inhalte zu dokumentieren, und informiere bei Bedarf HR oder einen Anwalt.

Mit einer klaren Haltung und professionellem Verhalten sicherst du, dass auch schwierige Gespräche kontrolliert ablaufen.

Nach dem Gespräch: Der richtige Abschluss einer Kündigung

Nach dem Kündigungsgespräch ist es wichtig, den Übergang professionell und respektvoll zu gestalten. Mit klaren Schritten sorgst du dafür, dass der Prozess reibungslos verläuft und keine Unsicherheiten bleiben.

Zwischenzeugnis und Endzeugnis anbieten

Biete dem Mitarbeiter direkt nach dem Gespräch an, ein Zwischenzeugnis zu erstellen. Dies zeigt Wertschätzung und hilft ihm bei der Suche nach einer neuen Position. Ein qualifiziertes Arbeitszeugnis sollte bis zum letzten Arbeitstag vorliegen.

Technische Zugänge sperren

Um die Unternehmenssicherheit zu gewährleisten, sperre direkt nach dem Gespräch alle Zugänge zu sensiblen Systemen und Plattformen. Diese Maßnahme ist Standard und sollte unabhängig vom Verhältnis zum Mitarbeiter durchgeführt werden.

Das Team informieren

Eine Kündigung kann in kleinen Teams Ängste schüren – »Bin ich der Nächste?« oder »Warum wurde das entschieden?« sind häufige Gedanken. Um Unsicherheiten zu vermeiden, ist proaktives Handeln entscheidend.

Nach der Kündigung eines Mitarbeiters solltest du direkt ein Teamgespräch organisieren. Erkläre sachlich, warum die Entscheidung notwendig war, ohne vertrauliche Details offenzulegen. Etwa: »Wir mussten diese Entscheidung treffen, weil die Zusammenarbeit nicht mehr den Anforderungen entsprochen hat. Unser Ziel bleibt es, das Team zu stärken und gut aufgestellt zu sein.«

Gehe anschließend gezielt auf die Ängste deiner Mitarbeiter ein. Du könntest etwa sagen: »Ich verstehe, dass so eine Entscheidung Fragen aufwerfen kann. Ich möchte betonen, dass wir keinen Abbau planen und auf das Potenzial jedes Einzelnen setzen.«

Um das Vertrauen zu stärken, biete Raum für persönliche Gespräche an, in denen sich Mitarbeiter individuell äußern können. Gleichzeitig kannst du das Team einbinden, indem du beispielsweise fragst: »Was brauchen wir als Team, um noch besser zusammenzuarbeiten?« oder Ideen für die Neuverteilung der Aufgaben sammelst. Das zeigt, dass du die Zukunft im Blick hast und die Situation aktiv gestaltest.

Eine solche offene und unterstützende Haltung nimmt Ängste, stärkt das Vertrauen in dich als Führungskraft und motiviert das Team, gemeinsam nach vorne zu schauen.

Kontakt zwischen Kündigung und letztem Tag halten

Melde dich zwischen der Kündigung und dem letzten Arbeitstag noch einmal beim Mitarbeiter. Das zeigt Professionalität und Respekt, selbst wenn die Zusammenarbeit endet. Kläre offene Punkte wie den Rückgabeprozess von Equipment oder Abschiedsroutinen.

Den langfristigen Eindruck bedenken

Behandle den scheidenden Mitarbeiter stets fair und respektvoll. Der Spruch »Man sieht sich immer zweimal im Leben« ist besonders im Geschäftsleben wahr. Ein positiver Abschied kann dir langfristig Türen öffnen – ein schlechter Abschied hingegen schadet deinem Ruf und dem Unternehmen.

Ein strukturierter und respektvoller Umgang nach dem Gespräch sichert nicht nur einen reibungslosen Ablauf, sondern zeigt auch, dass du selbst in schwierigen Situationen professionelle Standards einhältst.

Kündigungsschutzklage: Was tun, wenn der Mitarbeiter klagt?
Kündigungen können in bestimmten Situationen auf rechtliche Gegenwehr
stoßen, insbesondere wenn der Kündigungsschutz greift. Es ist wichtig, die
Grundlagen und Möglichkeiten zu verstehen, um sicher und souverän mit
einer Kündigungsschutzklage umzugehen.

Kündigungsschutz – Wann wird es relevant?

- **Probezeit:** Während der Probezeit gibt es in der Regel keinen
  Kündigungsschutz. Eine Kündigung ist hier unkompliziert, solange die Fristen eingehalten werden.
- **Unter 10 Mitarbeiter:** In kleinen Unternehmen mit weniger als
  10 Mitarbeitern greift der Kündigungsschutz ebenfalls nicht.
- **Über 10 Mitarbeiter und außerhalb der Probezeit:** In diesen
  Fällen können Mitarbeiter gegen die Kündigung klagen. Hier
  wird geprüft, ob die Kündigung sozial gerechtfertigt war, etwa
  aus verhaltens-, personen- oder betriebsbedingten Gründen.

Missverständnisse bei der Abfindung
Viele Mitarbeiter sehen eine Abfindung als ihr Recht an. Doch das ist ein
Irrtum. Als Arbeitgeber bist du rechtlich nicht verpflichtet, eine Abfindung
zu zahlen. Der eigentliche Zweck einer Kündigungsschutzklage ist es, die
Wiedereinstellung zu erreichen. Eine Abfindung wird meist nur als Teil
eines Vergleichs angeboten, um den Konflikt außergerichtlich zu beenden.

Der Ablauf eines Kündigungsschutzverfahrens

- **Gütetermin:** Der erste Schritt ist ein Gütetermin vor einem
  Güterichter am Arbeitsgericht. Hierbei geht es darum, eine Einigung zwischen den Parteien zu finden. Für diesen Termin ist kein
  Anwalt notwendig, aber empfehlenswert.
- **Verhalten vor Gericht:** Bleibe sachlich und erkläre die Gründe für die Kündigung klar. Denke daran: Richter sind daran in-
  teressiert, eine gütliche Einigung zu erzielen, nicht zwangsläufig
  einen Rechtsstreit zu führen.

Mögliche Vorgehensweisen bei einer Klage

A. Kündigung durchziehen

Wenn du gute Gründe hast, etwa für eine fristlose Kündigung oder wenn alle Schritte wie Abmahnungen und Dokumentationen sauber durchgeführt wurden, kannst du die Kündigung durchziehen. Eine fundierte Vorbereitung ist hier entscheidend.

B. Abfindung zahlen

Falls keine ausreichenden Gründe für eine fristlose Kündigung oder vorherige Abmahnungen vorliegen, ist eine Abfindung oft der günstigste Weg.

- **Faustformel:** Anzahl der Beschäftigungsjahre × ½ Monatsgehalt.
- **Keine festen Regeln:** Die Höhe ist verhandelbar, und es gibt keinen gesetzlich vorgeschriebenen Betrag.

C. Wiedereinstellung als Alternative

Wenn du nicht bereit bist, eine Abfindung zu zahlen, kannst du den Mitarbeiter wiedereinstellen.

- **Abmahnung und engmaschige Kontrolle:** Nach der Wiedereinstellung kannst du klare Arbeitsanweisungen geben, engmaschig kontrollieren und bei erneutem Fehlverhalten eine Abmahnung aussprechen.
- **Meine Erfahrung:** Viele Mitarbeiter erscheinen nach der Wiedereinstellung gar nicht mehr, weil sie nicht mit dieser Konsequenz rechnen.

5. Rechtschutz ist unverzichtbar

Unabhängig vom gewählten Weg ist es essenziell, einen Rechtsschutz für dein Unternehmen abzuschließen. Arbeitsrechtliche Verfahren können schnell teuer und zeitaufwendig werden. Ein guter Rechtsschutz gibt dir die Sicherheit, die du brauchst, um deine Interessen zu vertreten.

Mit einer klaren Strategie und fundierten Kenntnissen kannst du auch eine

Kündigungsschutzklage souverän meistern. Wichtig ist, dass du immer gut vorbereitet bist und die Unterstützung eines Anwalts in Anspruch nimmst, wenn es nötig wird.

Welche Optionen gibt es außer Kündigung?

Eine Kündigung ist oft der letzte Ausweg, doch es gibt alternative Wege, die sowohl dem Unternehmen als auch dem Mitarbeiter eine Chance auf einen Neuanfang bieten können. Diese Optionen sollten vor einer endgültigen Entscheidung sorgfältig geprüft werden.

1. Klare Kommunikation und Feedback

Bevor es zu einer Kündigung kommt, kann ein klärendes Gespräch helfen, Probleme zu lösen. Offenes Feedback, klare Erwartungen und konkrete Ziele geben dem Mitarbeiter die Möglichkeit, sich zu verbessern.

- **Zielvereinbarungen:** Vereinbare messbare Ziele und setze eine Frist für deren Erreichung.
- **Erneutes Feedback:** Überprüfe, ob Fortschritte erkennbar sind, und entscheide dann über weitere Schritte.

2. Versetzung oder Änderung der Aufgaben

Manchmal ist das Problem nicht der Mitarbeiter selbst, sondern die Position oder Aufgabe, die nicht passt. Eine interne Versetzung oder die Anpassung der Tätigkeiten kann helfen, das Potenzial des Mitarbeiters besser zu nutzen.

- **Neue Aufgaben:** Prüfe, ob der Mitarbeiter in einem anderen Bereich oder mit einer anderen Rolle besser eingesetzt werden kann.
- **Fortbildung:** Unterstütze den Mitarbeiter durch gezielte Weiterbildungen, um Defizite zu beheben.

3. Abmahnung als letzter Hinweis

Eine Abmahnung ist oft ein letzter formaler Schritt vor der Kündigung. Sie dient als schriftlicher Hinweis, dass das Verhalten oder die Leistung des Mitarbeiters nicht akzeptabel ist.

- **Klare Dokumentation:** Lege genau fest, was beanstandet wird, und formuliere klare Konsequenzen bei Wiederholung.
- **Signalwirkung:** Eine Abmahnung zeigt dem Mitarbeiter, dass du es ernst meinst, bietet aber gleichzeitig eine letzte Chance zur Verbesserung.

4. Einvernehmliche Lösung finden

Eine Alternative zur Kündigung kann eine einvernehmliche Lösung sein, bei der beide Seiten sich auf eine Beendigung des Arbeitsverhältnisses einigen.

- **Aufhebungsvertrag:** Biete einen Vertrag an, bei dem der Mitarbeiter zustimmt, das Unternehmen zu verlassen, oft in Verbindung mit einer Abfindung.
- **Vorteile:** Diese Lösung spart Zeit, Nerven und Kosten für beide Seiten und vermeidet die Eskalation vor Gericht.

5. Temporäre Maßnahmen

Wenn die Probleme auf äußere Umstände zurückzuführen sind, können temporäre Lösungen sinnvoll sein:

- **Teilzeit oder Sabbatical:** Biete dem Mitarbeiter an, vorübergehend kürzer zu treten, um persönliche oder berufliche Herausforderungen zu bewältigen.
- **Interne Mentoren oder Coaches:** Unterstütze den Mitarbeiter durch gezielte Betreuung oder Training.
- **Weiterentwicklung durch das QCG:** Nutze das Qualifizierungschancengesetz (QCG), um den Mitarbeiter durch geförderte Weiterbildungsmaßnahmen entweder weiterzuentwickeln oder gezielt auf eine Position außerhalb des

Unternehmens vorzubereiten. So schaffst du eine Win-win-Situation, ohne die Zusammenarbeit abrupt zu beenden.

6. Trennung auf Probe: Freistellung

Eine befristete Freistellung kann helfen, die Situation zu entspannen und dem Mitarbeiter Zeit zu geben, sich neu zu orientieren.

- **Signal:** Die Freistellung zeigt, dass du die Situation ernst nimmst, gibt aber beiden Seiten Zeit, über mögliche Lösungen nachzudenken.

Nicht jede schwierige Situation erfordert eine sofortige Kündigung. Oft bieten alternative Ansätze die Möglichkeit, Konflikte zu lösen oder einen besseren Weg für beide Seiten zu finden.

Bonus Kapitel: 100 Quick-Tipps für erfolgreiche Führung

Grundlagen der Führung

1. **Definiere klare Werte für dich und dein Team.**
   Beispiel: Formuliere Werte wie »Transparenz« oder »Verantwortung« und verankere sie im Alltag.
2. **Sei ein Vorbild – deine Handlungen zählen mehr als deine Worte.**
   Führung beginnt bei dir: Lebe Pünktlichkeit, Respekt und Engagement vor.
3. **Höre aktiv zu, um Vertrauen aufzubauen.**
   Tipp: Wiederhole, was dein Gegenüber gesagt hat, um zu zeigen, dass du es wirklich verstehst.
4. **Kommuniziere immer ehrlich und transparent.**
   Beispiel: Teile schwierige Entscheidungen offen mit deinem Team, inklusive der Hintergründe.
5. **Erkenne, dass Führung eine Dienstleistung ist, keine Machtdemonstration.**
   Dein Job ist es, Hindernisse für dein Team aus dem Weg zu räumen.

6. **Beginne jedes Meeting mit einer klaren Zielsetzung.**
Beispiel: »Heute klären wir, wie wir die Deadline um eine Woche verkürzen können.«

7. **Fasse Gespräche schriftlich zusammen, um Missverständnisse zu vermeiden.**
Tipp: Sende nach Meetings eine kurze E-Mail mit den besprochenen Punkten.

8. **Stelle offene Fragen, um mehr von deinem Team zu erfahren.**
Beispiel: »Wie siehst du die Herausforderung und welche Ideen hast du?«

9. **Lobe öffentlich, kritisiere privat.**
Ein Lob im Team-Chat oder bei einem Meeting motiviert, Kritik sollte diskret erfolgen.

10. **Kommuniziere klar und direkt, ohne Missverständnisse zu hinterlassen.**
Tipp: Vermeide schwammige Aussagen wie »Wir sollten uns mal darum kümmern« und sei konkret: »Bitte überprüfe bis Freitag den aktuellen Projektstatus.«

Teamentwicklung und Motivation

11. **Formuliere Ziele als Teamfrage.**
    Beispiel: »Wie schaffen wir es, die Fehlerquote um 10 % zu reduzieren?«

12. **Du als Führungskraft lebst die Feedback-Kultur vor.**
    Tipp: Bitte regelmäßig aktiv um Feedback zu deiner eigenen Arbeit und handle danach.

13. **Fördere eine offene Feedback-Kultur.**
    Beispiel: Organisiere regelmäßige Feedback-Runden ohne Hierarchien.

14. **Verbringe regelmäßig Zeit mit deinem Team, um ihre Bedürfnisse zu verstehen.**
    Tipp: Plane monatliche One-on-One-Gespräche ein.

15. **Erkenne die individuellen Stärken jedes Teammitglieds an.**
    Beispiel: Lass den kreativen Kopf die Präsentation gestalten, während der Analytiker die Zahlen liefert.

16. **Plane deinen Tag nach Prioritäten, nicht nach Dringlichkeit.**
    Beispiel: Nutze die Eisenhower-Matrix, um Aufgaben zu priorisieren.
17. **Verlasse deinen Schreibtisch und suche aktiv den Kontakt zu deinem Team.**
    Beispiel: Führe regelmäßige »Walk-and-Talks« durch, statt vor deinem Bildschirm zu sitzen.
18. **Delegiere Aufgaben, die andere genauso gut oder besser erledigen können.**
    Beispiel: Gib die Recherche an dein Team weiter, während du dich auf Strategie konzentrierst.
19. **Schaffe regelmäßige Pausen für dich und dein Team.**
    Tipp: Ermutige zu kurzen Spaziergängen oder gemeinsamen Kaffeepausen.
20. **Entwickle Rituale, um deine Produktivität zu steigern.**
    Beispiel: Beginne den Tag mit 10 Minuten Planung.

Konfliktlösung und Krisenmanagement

21. **Reagiere frühzeitig auf Konflikte, bevor sie eskalieren.**
    Beispiel: Sprich Spannungen im Team sofort an, statt sie zu ignorieren.

22. **Zeige Verständnis für beide Seiten, aber triff klare Entscheidungen.**
    Tipp: Beende Diskussionen mit einer Lösung, die für das Ziel am besten ist.

23. **Bleibe in Krisen ruhig und fokussiert.**
    Beispiel: Nimm dir vor schwierigen Gesprächen einen Moment Zeit, um dich zu sammeln.

24. **Lass dein Team in schwierigen Zeiten nicht im Stich.**
    Tipp: Sei präsent und zeige, dass du die Verantwortung trägst.

25. **Nutze Krisen als Chance zur Weiterentwicklung.**
    Beispiel: Nach einem Projektausfall analysiere mit dem Team, was ihr verbessern könnt.

26. **Fordere dein Team aktiv auf, Ideen einzubringen.**
    Beispiel: »Welche Verbesserungsvorschläge habt ihr für unsere Prozesse?«

27. **Belohne Innovation, auch wenn sie nicht sofort erfolgreich ist.**
    Tipp: Erkenne den Mut an, Neues auszuprobieren, unabhängig vom Ergebnis.

28. **Sei offen für Veränderungen und gehe als Vorbild voran.**
    Beispiel: Teste selbst neue Methoden, bevor du sie deinem Team vorstellst.

29. **Schaffe ein Umfeld, das Kreativität fördert.**
    Tipp: Organisiere Brainstorming-Sessions ohne Bewertung der Ideen.

30. **Hinterfrage regelmäßig den Status quo.**
    Beispiel: »Warum machen wir das so? Gibt es einen besseren Weg?«

Führungskultur und Vorbildrolle

31. **Sei stets authentisch – dein Team merkt es, wenn du dich verstellst.**
    Tipp: Stehe zu deiner Persönlichkeit und kommuniziere offen, auch wenn es unangenehm ist. Beispiel: »Ich habe hier auch keine perfekte Lösung, aber gemeinsam finden wir einen Weg.«

32. **Zeige Dankbarkeit, wenn jemand gute Arbeit leistet.**
    Beispiel: Ein persönliches »Danke für deinen Einsatz!« wirkt oft stärker als eine E-Mail.

33. **Stehe zu deinen Fehlern und lerne daraus.**
    Tipp: Zeige, dass Fehler menschlich sind, indem du deine offen zugibst.

34. **Fördere Diversität und schätze unterschiedliche Perspektiven.**
    Beispiel: Lade bewusst Kollegen aus verschiedenen Bereichen zu Besprechungen ein.

35. **Entwickle eine Kultur des Vertrauens.**
    Tipp: Kontrolliere nicht jede Kleinigkeit, sondern gib deinem Team Freiräume.

36. **Erkenne die Stärken deines Teams und setze sie gezielt ein.**
Beispiel: Ein Mitarbeiter mit Kreativität könnte bei der Entwicklung neuer Ideen unterstützen.

37. **Fördere Weiterbildungen und zeige Perspektiven auf.**
Tipp: Biete Schulungen an oder frage nach individuellen Entwicklungswünschen.

38. **Gib regelmäßig konstruktives Feedback.**
Beispiel: »Ich schätze deinen Einsatz sehr, aber lass uns an der Zeitplanung arbeiten.«

39. **Ermutige Mitarbeiter, neue Rollen oder Projekte auszuprobieren.**
Tipp: Setze jemanden, der noch nie ein Meeting geleitet hat, als Moderator ein.

40. **Sei Mentor und Coach für dein Team.**
Beispiel: Teile eigene Erfahrungen und biete Unterstützung bei Herausforderungen an.

41. **Nutze Tools, um Transparenz in Projekten zu schaffen.**
Beispiel: Verwende Plattformen wie Trello oder Asana für die
Aufgabenübersicht.
42. **Fördere die Zusammenarbeit im Homeoffice durch klare Regeln.**
Tipp: Vereinbare Kernarbeitszeiten und regelmäßige virtuelle
Check-ins.
43. **Bleibe in digitalen Meetings interaktiv und präsent.**
Beispiel: Nutze Umfragen oder kurze Breakouts, um alle einzubinden.
44. **Achte auf eine gute Work-Life-Balance, auch im Remote-Setting.**
Tipp: Ermutige dein Team, Feierabendzeiten einzuhalten.
45. **Kommuniziere digital klar und auf den Punkt.**
Beispiel: Statt langer Mails lieber kurze Video-Updates senden.

Entscheidungsfindung

46. **Triff Entscheidungen zügig, aber durchdacht.**
    Tipp: Nutze das Pareto-Prinzip – 80 % der Fakten reichen oft aus, um handlungsfähig zu sein.
47. **Hol dir Meinungen ein, aber entscheide am Ende selbst.**
    Beispiel: »Danke für eure Einschätzungen, ich werde nun eine Entscheidung treffen.«
48. **Stehe zu deinen Entscheidungen, auch wenn sie unpopulär sind.**
    Tipp: Erkläre transparent, warum du so entschieden hast.
49. **Unterscheide zwischen wichtigen und dringenden Aufgaben.**
    Beispiel: Priorisiere langfristige Ziele vor kurzfristigen Ablenkungen.
50. **Lerne, auch mal Nein zu sagen.**
    Tipp: »Ich würde dir gerne helfen, aber mein Fokus liegt aktuell auf einem anderen Projekt.«

Motivation und Anerkennung

51. **Lobe öffentlich, kritisiere privat.**
    Beispiel: Im Team-Meeting: »Hervorragende Leistung bei diesem Projekt, danke!«

52. **Schaffe kleine Erfolgserlebnisse im Alltag.**
    Tipp: Feiere gemeinsam das Erreichen von Meilensteinen.

53. **Motiviere durch klare Visionen und Ziele.**
    Beispiel: »Unser Ziel ist es, Marktführer in diesem Bereich zu werden.«

54. **Erkenne auch kleine Fortschritte an.**
    Tipp: »Gut gemacht, dass du den ersten Schritt in dieses neue Thema gemacht hast.«

55. **Zeige aufrichtige Wertschätzung.**
    Beispiel: »Dein Engagement hat wirklich einen Unterschied gemacht – danke!«

56. **Bleib in stressigen Zeiten ein Fels in der Brandung.**
Tipp: Kommuniziere Ruhe und Zuversicht, auch wenn es mal brennt.

57. **Lerne aus Rückschlägen und mache sie zu Vorschlägen.**
Beispiel: »Was können wir aus diesem Fehler mitnehmen?«

58. **Bleibe lösungsorientiert statt problemorientiert.**
Tipp: Frage: »Was können wir jetzt tun, um die Situation zu verbessern?«

59. **Halte dein Team zusammen, auch in schwierigen Phasen.**
Beispiel: Veranstalte ein Team-Event, um die Moral zu stärken.

60. **Schaffe Perspektiven nach einer Niederlage.**
Tipp: »Dieser Rückschlag ist eine Chance, stärker zurückzukommen.«

Selbstführung und Persönlichkeitsentwicklung

61. **Plane regelmäßige Auszeiten für dich selbst ein.**
Tipp: Nutze feste Zeiten für Reflexion oder Weiterbildung, z. B. eine Stunde pro Woche.

62. **Arbeite an deiner Resilienz.**
Beispiel: Entwickle Strategien, um mit Rückschlägen produktiv umzugehen, wie Meditation oder Sport.

63. **Erkenne informelle Führungspersönlichkeiten im Team.**
Tipp: Oft gibt es Mitarbeiter, die durch ihr Verhalten und ihre Persönlichkeit Einfluss auf das Team haben, auch ohne eine offizielle Führungsposition. Fördere sie gezielt, da sie eine Schlüsselrolle für die Teamdynamik und Motivation spielen können.

64. **Hole dir regelmäßig Feedback von deinem Team ein.**
Beispiel: Nutze eine anonyme Umfrage, um deine Führungsqualität zu hinterfragen.

65. **Bleibe neugierig und offen für Neues.**
Tipp: Lies Bücher, besuche Seminare oder tausche dich mit anderen Führungskräften aus.

66. **Kommuniziere klar und verständlich, ohne Floskeln.**
    Beispiel: Statt »Wir könnten darüber nachdenken« sagst du
    »Ich schlage vor, dass wir es so machen.«

67. **Höre aktiv zu, ohne zu unterbrechen.**
    Tipp: Zeige durch Nicken oder kurze Bestätigungen, dass du
    aufmerksam bist.

68. **Gehe Konflikte frühzeitig an, bevor sie eskalieren.**
    Beispiel: »Mir ist aufgefallen, dass es Spannungen gibt. Lass uns
    darüber sprechen.«

69. **Formuliere Kritik konstruktiv.**
    Tipp: »Ich schätze deine Arbeit, aber lass uns über eine Ver-
    besserung sprechen.«

70. **Zeige Verständnis, ohne den Konflikt zu beschönigen.**
    Beispiel: »Ich verstehe deine Perspektive, aber wir müssen eine
    Lösung finden.«

71. **Organisiere regelmäßig Team-Events oder Workshops.**
    Beispiel: Gemeinsame Essen, Sportveranstaltungen oder Teambuilding-Aktivitäten.

72. **Fördere eine offene Feedback-Kultur.**
    Tipp: Ermutige das Team, regelmäßig Ideen und Verbesserungsvorschläge einzubringen.

73. **Schaffe Rituale, die das Team verbinden.**
    Beispiel: Ein gemeinsames wöchentliches Meeting mit positiven Highlights der Woche.

74. **Zeige, dass Fehler erlaubt sind und Teil des Lernens sind.**
    Beispiel: Teile eine eigene Erfahrung, bei der ein Fehler dich weitergebracht hat.

75. **Sorge für einen positiven Einstieg neuer Teammitglieder.**
    Tipp: Begrüße sie persönlich und stelle sie im Team vor.

76. **Vermittle eine klare Vision, die das Team inspiriert.**
    Beispiel: »Wir wollen das Unternehmen mit der besten Kundenbetreuung in unserer Branche werden.«

77. **Setze smarte, realistische Ziele.**
    Tipp: Verwende die SMART-Methode: spezifisch, messbar, attraktiv, realistisch, terminiert.

78. **Teile langfristige Ziele in kleinere Etappen.**
    Beispiel: Statt »Jahresziel Umsatz X« fokussiere dich auf Monats- oder Quartalsziele.

79. **Überprüfe regelmäßig den Fortschritt.**
    Tipp: Plane Check-ins ein, um sicherzustellen, dass alle auf Kurs sind.

80. **Erkenne individuelle Beiträge zum Gesamterfolg an.**
    Beispiel: »Deine Arbeit an diesem Teilprojekt hat uns einen großen Schritt weitergebracht.«

81. **Ermutige dein Team, neue Ideen einzubringen.**
    Tipp: Veranstalte regelmäßige Brainstorming-Sitzungen.

82. **Bleibe offen für Veränderungen und passe dich schnell an.**
    Beispiel: Reagiere flexibel auf Marktveränderungen oder neue Technologien.

83. **Kommuniziere Veränderungen klar und mit Perspektiven.**
    Tipp: »Diese Umstellung wird uns langfristig effizienter machen.«

84. **Beteilige das Team an Veränderungsprozessen.**
    Beispiel: Frage: »Welche Ideen habt ihr, um den Übergang reibungsloser zu gestalten?«

85. **Feiere Erfolge, auch während Veränderungsphasen.**
    Tipp: »Wir haben den ersten Schritt geschafft – das ist großartig!«

86. **Fördere eine gesunde Work-Life-Balance.**
    Tipp: Ermutige Pausen und begrenze unnötige Überstunden.

87. **Achte auf ergonomische Arbeitsplätze.**
    Beispiel: Biete höhenverstellbare Schreibtische oder gute Büro-stühle an.

88. **Schaffe Möglichkeiten für Bewegung während der Arbeit.**
    Tipp: Plane kurze Bewegungspausen oder Spaziergänge ein.

89. **Fördere eine Kultur der Wertschätzung, die Stress reduziert.**
    Beispiel: Regelmäßige Dankesrunden im Team.

90. **Zeige Verständnis für persönliche Herausforderungen.**
    Tipp: »Wenn du Unterstützung brauchst, lass es mich wissen.«

Langfristige Entwicklung

91. **Plane regelmäßige Mitarbeitergespräche ein.**
    Tipp: Besprich Ziele, Wünsche und mögliche Entwicklungen im Unternehmen.

92. **Sei langfristig ein verlässlicher Partner für dein Team.**
    Beispiel: Unterstütze auch in schwierigen Lebenssituationen, wo möglich.

93. **Investiere in zukünftige Führungstalente.**
    Tipp: Entwickle eine Nachwuchsführungskraft mit Mentoring.

94. **Halte die Unternehmenskultur lebendig.**
    Beispiel: Erinnere regelmäßig an die Kernwerte deines Unternehmens.

95. **Bleibe immer offen für neue Erkenntnisse und Feedback.**
    Tipp: Überdenke deine Ansätze, wenn sich die Gegebenheiten ändern.

96. **Hinterlasse eine nachhaltige Wirkung.**
    Tipp: Entwickle Systeme, die auch ohne dich funktionieren.
97. **Baue Vertrauen auf, das Bestand hat.**
    Beispiel: Sei stets transparent und berechenbar in deinem Handeln.
89. **Zeige Dankbarkeit für das Engagement deines Teams.**
    Tipp: Veranstalte ein jährliches Event, um Danke zu sagen.
99. **Bleibe dir selbst treu.**
    Beispiel: Arbeite nach deinen Prinzipien und inspiriere andere damit.
100. **Habe Spaß an der Führung und dem Erfolg deiner Menschen.**
    Tipp: Feiere auch die kleinen Momente und Erfolge gemeinsam.

Schlusswort

Dein Weg zu erfolgreicher Führung

In diesem Buch haben wir gemeinsam die zentralen Aspekte moderner Führung erkundet. Von der Suche nach dem ersten Mitarbeiter über das Onboarding und die tägliche Zusammenarbeit bis hin zu schwierigen Themen wie Kündigungen – du hast Werkzeuge und Strategien an die Hand bekommen, die dir helfen, dein Team nicht nur zu führen, sondern es erfolgreich zu machen.

Dabei ging es um mehr als Methoden. Es ging darum, ein klares Verständnis dafür zu entwickeln, wie du als Führungskraft agierst und eine Unternehmenskultur schaffst, die von Wertschätzung, Klarheit und Effektivität geprägt ist. Du hast gelernt, wie du Verantwortung überträgst, wie du Konflikte löst und wie du aus Fehlern Chancen machst.

Wenn du diese Ansätze Schritt für Schritt umsetzt, wirst du nicht nur selbst souveräner und erfolgreicher werden, sondern auch ein Umfeld schaffen, in dem dein Team mit dir wächst. Führung ist kein einmaliges Projekt, sondern ein Prozess. Kleine Veränderungen – ein bewussteres Feedback, klarere Delegation oder eine wertschätzende Kommunikation – können große Auswirkungen haben.

Die Umsetzung wird nicht immer reibungslos sein, und das ist okay. Führung ist wie Unternehmertum selbst: ein ständiges Lernen. Nimm Rückschläge als Teil des Prozesses, reflektiere, passe an und wachse daran.

Deine Reise beginnt hier – mit den ersten kleinen Schritten, die du aus diesem Buch mitnimmst. Sei mutig, Dinge auszuprobieren, und konsequent darin, die Veränderungen beizubehalten, die funktionieren. Mit Klarheit statt Chaos wird dein Team erfolgreicher, dein Alltag strukturierter und dein Unternehmen widerstandsfähiger.

Jetzt liegt es an dir, die nächste Phase zu gestalten. Dein Erfolg als Führungskraft wird nicht nur daran gemessen, was du erreichst, sondern daran, wie du andere dazu inspirierst, Großes zu leisten. Sei Du die Führungskraft die Du Dir immer gewünscht hast.

Über den Autor

 **Aaron Brück** ist erfolgreicher Unternehmer, Autor und inspirierender **Keynote Speaker**, der mit Klarheit und Authentizität begeistert. Seine Vorträge verbinden praktische Erfahrungen mit tiefgreifenden Einsichten und motivieren Unternehmen und Führungskräfte, mutig neue Wege zu gehen. Mit einer charismatischen Präsenz auf der Bühne und einer Leidenschaft für interaktive Formate schafft er es, sein Publikum nachhaltig zu inspirieren.

Als Gründer der **Seals Group GmbH**, die er 2020 mitten im Corona-Lockdown ins Leben rief, zeigt Aaron eindrucksvoll, wie unternehmerischer Erfolg aus Mut und Tatkraft entsteht. Heute beschäftigt sein Vertriebs- und Beratungsunternehmen über 50 Mitarbeiter und wurde vom Magazin »Fokus« als **Wachstumschampion 2025** ausgezeichnet.

Sein Werdegang vom Polizisten über Führungspositionen im Vertrieb bis hin zum erfolgreichen Unternehmer unterstreicht seine Expertise in den Bereichen Führung, Unternehmenskultur und Wachstum. Er ist ein Mann der Praxis, der die Herausforderungen moderner Führung aus eigener Erfahrung kennt.

Kontakt:
Aaron Brück Keynote und Management
Stubbenweg 34
26125 Oldenburg

Tel: +49 441 233682682
Mail: kontakt@aaronbrueck.de
aaronbrueck.de

New Leadership: Klarheit statt Chaos

Mit radikaler Klarheit und echter Verbindung erfolgreich führen

- Vertrauen aufbauen bei Mitarbeitern und Kollegen
- Klarheit schaffen, Verbindung herstellen und Ziele erreichen
- Die 5 Geheimnisse einflussreicher Führungskräfte
- So übernimmt Dein Team Verantwortung und kommt ins Handeln
- Kommunikation & Meetings sofort um 80% effektiver gestalten

Lerne, wie du mit radikaler Klarheit und echter Verbindung Vertrauen aufbaust, effektive Kommunikation förderst und dein Team zur Eigenverantwortung motivierst.

Entdecke die 5 Geheimnisse einflussreicher Führungskräfte und steigere die Effizienz von Meetings und Deiner Kommunikation um 80 %, um deine Ziele nachhaltig zu erreichen und dein Team zum Erfolg zu führen.

Schluss mit der Sales-Romantik

Nachweislich mehr Umsatz, ohne Bullshit Bingo

- Mental-Reset: der Verkauf entscheidet, nicht das Produkt
- Geheime Hacks für mehr Sales-Fokus im Unternehmen
- So findest Du den richtigen Absatzkanal für Dein Business
- 3 Fehler die Deinen Vertriebserfolg ruinieren
- Die Powerstrategie der Start Ups für mehr Umsatz

Erfahre, warum der Verkauf entscheidend ist, nicht nur das Produkt. Lerne, wie du deinen Sales-Fokus stärkst, den richtigen Absatzkanal findest und die 3 häufigsten Fehler vermeidest.

Entdecke die Powerstrategien der Start-ups für mehr Umsatz und erlebe einen Mental-Reset für echten Vertriebserfolg. Schalte den Umsatzboost ein – jetzt!

Chance oder Risiko?

So wird Dein Start Up zur Erfolgsstory

- Von 0 auf 100. So wurde ich in nur 4 Jahren zum Wachstum-champion
- Die ultimative Formel erfolgreicher Start Ups
- So gewinnst Du Wunschkunden am Fließband
- Rückschläge als Vorschläge nutzen
- Dieser eine Fakt entscheidet in Wahrheit über Deinen Erfolg
- Golden nuggets statt fauler Eier. So bekommst Du die besten Mitarbeiter

In nur 4 Jahren vom Nobody zum Wachstumschampion – So habe ich es geschafft! Du erhältst die ultimative Formel erfolgreicher für Startups.
Wie Du Wunschkunden am Fließband gewinnts, und der Chef wirst, um den sich die besten Mitarbeiter reißen.
Erfahre außerdem wie Du aus Rückschlägen Vorschläge für die Zukunft machst und lerne diesen einen Fakt kennen, der wirklich über Erfolg oder Misserfolg entscheidet.

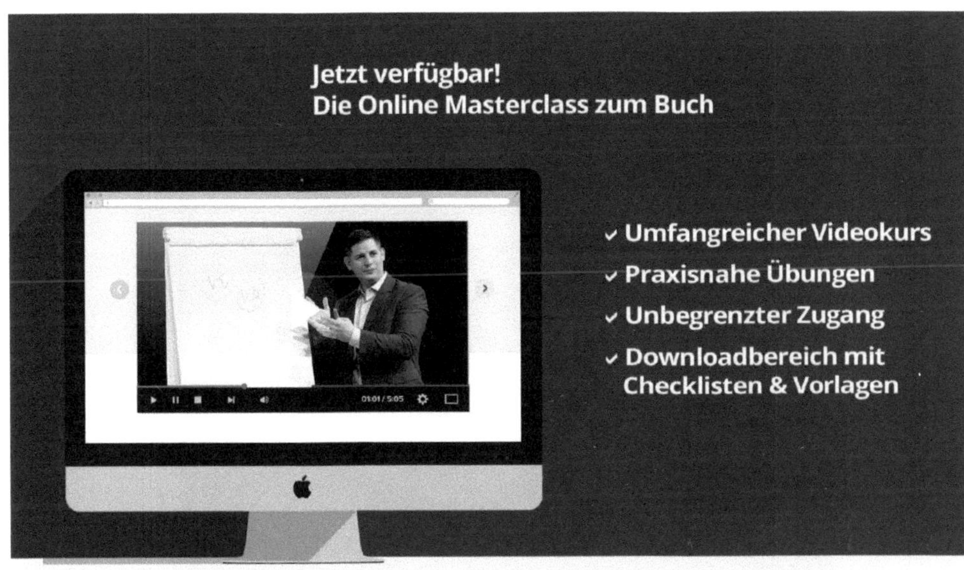

Mehr Infos unter aaronbrueck.de/masterclass

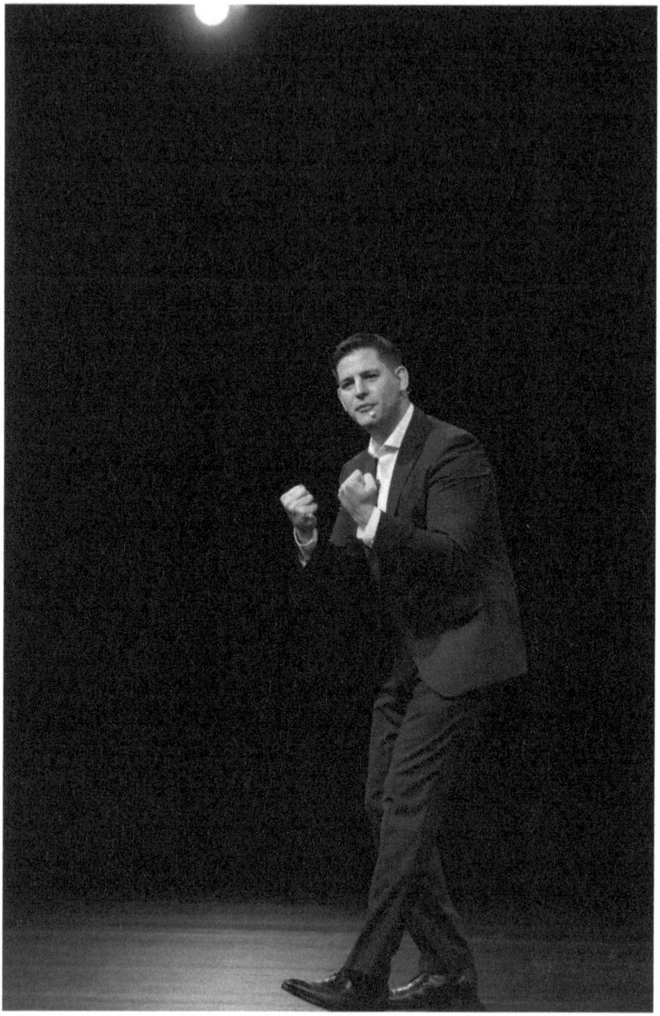

Aaron Brück begeistert als Keynote Speaker

Danksagung

Von Herzen: Dankeschön an meine Partnerin Lisa, die nicht nur das Cover gestaltet hat, sondern mich unermüdlich unterstützt hat, damit dieses Buch entstehen konnte Du bist unseren Töchtern, Ronja, Carolin und Nora ein Vorbild und lässt sie zu einflussreichen Persönlichkeiten reifen.

Philipp, mein Freund und Geschäftspartner, danke für deine Unterstützung und dein Vertrauen.

Ebenso Oliver Geisselhart, der mir als Mentor stets den Rücken stärkt und Impulsgeber für dieses Buch war.

Ein großer Dank gilt Boris Grundl für sein inspirierendes Vorwort!

Dem Institut Enkelmann in Königstein, insbesondere Frau Dr. Claudia Enkelmann und Herrn Dr. Alexander A. Gorjinia und in Gedenken, Herrn Nikolaus B. Enkelmann, möchte ich meinen besonderen Dank aussprechen. Ihre Arbeit und Unterstützung haben meinen Weg zum Erfolg nachhaltig geprägt und beeinflusst. Mehr als Sie glauben.